내가 나를 어쩌지 못한다면

내가 나를 어쩌지 못한다면

Stressilient

생각과 감정의 감옥에서
벗어나는 심리 기술

샘 아크바 지음ㅡ박지혜 옮김

한문화

감정과 씨름하는 대신
당신에게 더 중요한 가치에 집중하라

이 책을 읽고 난 다음 당신이 속았다고 생각하지 않도록 먼저 솔직히 말하겠다. 나는 당신의 삶에서 스트레스를 없애줄 수 없다. 그리고 다른 어떤 이도 당신의 삶에서 스트레스를 없애줄 순 없을 거라고 덧붙이겠다. 그가 당신을 냉동인간으로 만들어 주겠다고 제안하는 것이 아니라면 말이다.

하지만 내가 할 수 있는 일이 하나 있다. 그리고 이 일은 어쩌면 스트레스를 없애는 것보다 더 유용하다고 할 수 있을 것이다. 나는 당신에게 심리적 유연성에 관해 이야기할 것이다. 심리적 유연성이란 인생의 불가피한 스트레스와 그로 인해 나타나는 감정 혹은 생각에 반응하는 훨씬 더 효과적인 방법이다. 한마디로 스트레스에 대한 유연성을 기르는 것이다. 유연성을 기른다는 것은 보람 있고 의미 있는 삶을 살기 위해 적절한 행동을 취하는 일이기도 하다.

심리적 유연성은 수용전념치료(Acceptance and Commitment Therapy, ACT)라고 알려진 혁신적이고 획기적인 치료 접근법의 핵심이 되는 개념이다. 지난 40여 년간 수용전념치료는 우울증이나 불안장애와 같은 심각한 정신 건강 상태를 치료하는 것뿐만 아니라 인간관계, 체중 조절, 금연, 성적 향상, 스트레스 관리와 같은 영역에도 효과가 있는 것으로 나타났다. 수용전념치료는 연인과의 관계를 개선하는 일부터 지독한 상사를 상대하는 일, 그리고 만성 스트레스를 관리하고 건강한 삶을 유지하는 일까지 많은 영역에 적용할 수 있는 방법이다.

지난 몇 년은 세계적으로 유행한 전염병의 영향으로 스트레스가 많을 수밖에 없는 시기였다. 어떤 이들에게는 정신적 외상을 초래할 정도였을 것이다. 이로 인해 표면에 드러난 온갖 감정과 생각을 어디서부터 처리해야 할지 알기 힘들 정도였다. 때로는 해결책을 찾기 위해 인터넷에 올라온 모든 자료를 읽고 듣고 봐야 할 것 같은 생각도 들었을 것이다.

당신이 새로운 곳으로 휴가를 떠나기 위해 계획할 때도 이와 크게 다르지 않을 것이다. 유럽으로 떠날지 혹은 더 먼 어딘가로 떠나야 할지, 에어비앤비에 묵을지 호텔에 묵을지, 비행기를 탈지 배를 타고 갈지, 선택할 목록들이 계속해서 이어지다 결국 당신은 두 손을 들고 말 것이다. 호텔 후기를 더 찾아보다가는 짜증을 참지 못하고 컴퓨터를 창밖으로 내던지는 일이 일어날 것 같아 결국 작년에 갔던 곳을 다시 방문하기로 할지도 모른다.

심리학자인 나 역시 스트레스를 관리하는 괜찮은 방법을 인터넷에서 찾아야 한다면 심신이 쇠약해질 정도의 압박감에 시달리고 말 것이다. 독자들의 그런 수고를 덜어주고 싶다는 생각으로 임상 심리학과 관련한 나의 모든 이력과 경험을 동원하여 가장 효과적이면서도 이해하기 쉬운 방법을 정리했다.

나는 이 책이 다음과 같기를 바란다.

- 근거 중심적이다. 예를 들어, 실제로 어떤 방법이 효과적인지 보여주고, 과학적으로 뒷받침된 사실에 관해서만 이야기하고자 한다. 당신의 소중한 시간을 정확하지

않고 도움도 안 되는 것에 낭비하게 하고 싶지 않기 때문이다.

- 간결하다. 나는 당신이 어디에서든 이 책을 활용할 수 있기를 바란다. 당신은 수영장의 튜브 위에 누워 이 책을 정독할지도 모르겠다. 그런다 해도 슬그머니 다가가서 당신이 정말 책을 읽고 있는지 아니면 졸고 있는지 들여다보지 않고 적당한 거리를 유지하겠다고 약속한다. 그렇게 이 책이 일상의 일부가 되기를 희망한다. 그래야만 변화가 일어날 수 있다. 만약 내가《전쟁과 평화》같은 엄청난 두께의 책을 썼다면 당신은 기껏해야 책을 한 번 읽고는 곧 냄비 받침 같은 용도로 쓰게 될 것이 뻔하기 때문이다.

그렇다면 당신이 이 책을 읽어야 하는 이유는 무엇일까? 나는 외상 후 스트레스 장애를 겪는 난민들을 치료하는 임상 심리학자다. 내가 만나고 함께 일하는 사람들은 모두 고문, 전쟁, 성범죄에서 살아남은 생존자들이다. 이것은 내가 스트레스와 회복탄력성에 관련한 경험이 많은 사람이라는 뜻이기도 하다. 나는 이라크 북부의 야영지에서 이슬람 근본주의를 표방하는 국제 범죄 단체인 ISIS의 노예가 된 예지드파Yezidi 여성들 및 소녀들의 외상 후 스트레스 장애를 치료하는 방법을 그곳 심리학자들에게 전수해 왔다. 또한 이곳 런던의 심리학자들에게 그렌펠Grenfell 화재 사건의 생존자들과 유가족들을 치료하는 방법을 교육하는 일까지 전 세계의 난민들 및 심리학자들과 함께 일해 왔다.

심리학자라는 사실을 제외하면 나도 당신과 같은 인간일 뿐이다. 나도 당신처럼 웃고 울고 실수도 한다. 그리고 당신과 마찬가지로 나만의 스트레스 산을 오른다. 당신이 발을 헛디뎌 절벽 아래로 떨어지려고 할 때 나는 당신에게 그곳을 피하라고 소리치고 아주 좋은 밧줄을 던져줄 수 있다. 하지만 나 역시도 나만의 절벽에서 떨어지고, 그럴 때면 이 책에 소개한 도구와 기술들을 활용해 다시 기어 나온다. 이 기술들은 내 삶을 바꿨으며, 내 주변의 소중한 친구들에게 알려주는 것들이기도 하다. 그리고 '내가 더 젊을 때 알았더라면 얼마나 좋았을까'라고 생각하는 것들이기도 하다.

이 책을 쓰기 시작할 때만 해도 코로나19, 락다운, 자가 격리 등의 단어들, 요즘은 마치 우리가 늘 사용해 왔던 것처럼 아무렇지도 않게 입에 올리는 단어들을 한 번도 들어보지 못했다. 마스크나 손 소독제와 이렇게 떼려야 뗄 수 없는 관계를 유지한 것도 처음이다. 모두에게 이 세계적인 격변은 매우 낯설다. 하지만 내가 심리학자로서 수많은 난민을 만나며 알 수 있었던 것은 세계는 오래전부터 혼란과 트라우마를 겪어 왔다는 사실이다. 이제까지 그런 고통을 피해 왔다면 당신은 그저 운이 좋았을 뿐이다. 인간의 삶 그 중심에는 기쁨과 정신적 고통이 모두 존재한다. 절대 둘 중 어느 하나만 경험할 수는 없다. 행복에 자리를 내어준 만큼 슬픔에도 똑같이 자리를 내어줘야 한다.

스트레스에 대한 회복탄력성을 갖는다는 것은 불가피한 정신적 고통을 피하는 것이 아니다. 스트레스 상황에서 나타나는 모든 감정에 자리를 내어주는 것이다. 당신이 원하는 감정이든 원하지 않는 감정이든 그 감정으로부터 돌아서는 것이 아니라, 감정을 향해 돌아서는 것이다. 더는 감정을 피해 도망치지 않아도 된다면 어떤 기분일지 상상이 되는가? 고통스러운 감정과 씨름하는 대신 당신에게 정말 중요한 것들에 더 집중한다면 얼마나 해방감이 들지 상상할 수 있는가? 삶을 보람 있고 의미 있게 만드는 것들에만 에너지를 쏟는다면 또 어떨까?

이제 이 책이 등장할 차례다. 당신은 무언가 이유가 있어서 이 책을 집어 들었을 것이다. 어쩌면 지금까지와는 다른 삶을 살 수 있다는 가능성에 강하게 끌렸을지도 모른다. 우리의 삶을 뒤흔든 팬데믹의 창궐이 당신에게 어떻게 살아야 하는지, 어떤 미래를 원하는지 등 몇 가지 질문을 던졌을 수도 있다. 이 책에서 당신은 생각을 더 잘 다루고, 감정을 더 잘 느끼며, 삶을 더 잘 살아가는 데 도움이 될 만한 도구와 기술을 발견할 수 있을 것이다. 당신은 자신에게 정말로 중요한 것이 무엇인지 더 깊이 파고들고, 자신의 가장 깊은 곳에 자리 잡은 가치에 따라 행동하는 법을 배울 것이다. 살아남기 위한 방법이 아닌 더 잘 살기 위한 방법을 찾을 것이다. 꼭 그럴 수 있을 거라 확신한다.

인간은 인생의 우여곡절을 피할 수 없다. 하지만 우리는 그 사이를 항해하며 우리의 삶을 바꾸기 위한 기술을 스스로 갖출 수 있다. 적어도 그것만은 우리가 통제할 수 있는 부분이다. 자, 그럼 이제 시작해 보자.

차례

이 책의 사용법

한 가지 당부하자면, 결말을 알기 위해 책의 마지막 장을 먼저 펼쳐보지는 말기를 바란다. 이 책은 그런 책이 아니다. 이 책의 장점은 크기가 작고 두께가 얇은 것이므로 다른 어떤 일을 하기 전에 끝까지 한번 읽어 보기를 권한다. 그런 다음 당신에게 가장 유용하다고 생각하는 순서대로 도움이 되는 부분으로 돌아오는 것이다.

나는 당신이 이 책을 가방이나 주머니 속에 넣고 다니길 바란다. 인생이 너무 가혹하다고 느낄 때나 가기 싫었던 모임에 억지로 나가 잠시 화장실에 숨을 때, 회사 다용도실에 숨어 울 때나 슈퍼마켓에서 무료하게 줄을 서 있을 때도 이 책에 의지할 수 있기를 바란다. 책을 너무 많이 펼쳐봐서 책장 모서리가 잔뜩 접히길 바란다. 그리고 당신이 이 책을 믿을 만한 현명한 친구라고 여기기를 바란다.

첫 번째 장은 뇌의 작동 원리를 알려주며 당신이 자신의 마음을 조금 더 잘 다룰 수 있도록 도울 것이다. 이어지는 여섯 개의 장(생각을 다루는 법, 감정을 다루는 법, 관점을 갖는 법, 현재에 집중하는 법, 중요한 가치를 좇아 사는 법, 행동하는 법)은 심리적 유연성의 핵심이 되는 요소인 생각과 감정, 행동을 집중적으로 다룬다. 나머지 두 개의 장(자기 자비를 실천하는 법, 자신을 이해하는 법)은 수년간 수많은 환자를 만나오면서 이 두 가지가 행복에 매우 중요하고 심오한 영향을 미친다는 사실을 깨달았기 때문에 추가했다.

스트레스 관리에 긍정적인 영향을 주는 요소 중 여기에서 다루지 않은 것들도 많다. 대표적인 것 세 가지만 언급하자면 바로 수면과 식습관, 운동이다. 하지만 이 책은 우리의 내면세계에 집중하고, 그 내부를 좀더 효과적으로 항해하여 우리에게 중요한 가치를 지킬 수 있도록 하는 과정에 초점을 맞췄다. 생각과 감정이 당신을 완전히 장악해버리지 않도록 막는 기술을 몇 가지 터득하기만 해도 정말 중요한 일에 온전히 집중할 수 있기 때문이다.

1장

우리 뇌의 작동 원리

마음을 잘 다루려면
뇌를 이해해야 한다

나는 우리 몸에서 뇌가 가장 중요한 기관이라고 생각했다.

그 생각이 어디에서 나온 건지 깨닫기 전까지는 말이다.[1]

에모 필립스Emo Philps, 미국의 영화배우이자 코미디언 심리 상담에서 가장 효과적인 방법의 하나는 뇌가 어떻게 작동하는지 제대로 설명하는 것이다. 뇌를 잘 활용하고자 한다면 당신의 두 귀 사이에 자리한 이 친구에 관해 조금 더 잘 알아야 한다. 뇌는 세상에서 가장 강력한 기계이지만 사실 우리는 그것을 어떻게 다뤄야 하는지 잘 모른다. 우리가 태어날 때 누군가가 '뇌 사용 설명서'를 나눠줬어야 하는데 그러지 않았으니 말이다. 지금부터는 우리의 뇌에 관해 자세히 알아보자.

생존을 위해 발달한 태초의 뇌

먼 과거로 거슬러 올라가 보자. 당신은 동굴에 사는 원시인이다. 동굴 밖에 앉아 아름다운 석양을 바라보며 얼굴에 평온한 미소를 짓고 있다고 상상해 보자.

이제 동굴 옆 나무 사이에 숨어 있던 곰이 당신을 발견하고 몸을 조각조각 찢는 모습을 상상해 보자. 한가하게 앉아서 휴식을 취하던 원시인들에게는 이런 일이 자주 일어났을 것이기 때문이다. 원시인들은 곰이나 사자에게 무참히 공격당했을 것이다. 혹은 배가 고파 어슬렁거리던 다른 짐승에게 잡아먹히고 말았을 것이다.

우리의 조상들은 극도로 조심성 있는 기질과 모든 위험을 경계하는 자세로 살아남았고, 이런 유전자를 우리에게 그대로 물려주었다. 그들은 늘 불안과 초조함으로 가득했다. 그 당시에 실재했던 생존에 대한 엄청난 위협을 생각하면 충분히 이해할 수 있는 이야기다. 후회하는 것보다는 조심하는 게 훨씬 낫다는 말도 있지 않은가.

그 후로 오랜 시간 동안 인류는 동굴 한쪽 구석에서 뱀을 목격하기는커녕 그와 비슷한 거라곤 핸드백 끈 정도밖에 본게 없었지만(옛날 사람들도 가방은 메고 다니지 않았겠는가?), 그래도 여전히 극도로 조심하는 것이 생존에 유리했기 때문에 우리의 뇌는 매우 기민한 '죽임을 당하지 않기 위한 기계'로 진화해 왔다. 그것이 뇌의 역할이고, 그래서 우리 조상들은 생존할 수 있었으며, 지금 우리가 존재하는 이유도 바로 그 덕분이다. 조상들에게 감사할 일이다.

그런데 여기서부터 모든 게 복잡해지기 시작한다. 인간이 생존을 위해 무리를 지어 살기 시작하자, 전보다 상황은 훨씬 나아졌다. 무리 안에서 더 안전해졌고, 생존 확률이 높아져 자손들에게 유전자를 물려주기에도 수월해졌다.

그러자 우리의 증조할머니의 증조할머니 때쯤부터는 중요한 관심사가 달라졌다. '잡아먹히지 않기'에서 '무리에서 소외당하지 않기'로 관심사가 바뀐 것이다. 혼자서는 절대 생존할 수 없는 환경이기에, 홀로 낙오되었다가 아프기라도 하면 큰일이기 때문이다. 내 대신 사냥해서 먹잇감을 제공해줄 누군가가 없으면 안 될 일이었다. 지금으로 치면 자가 격리 중이거나 지독한 숙취에 시달릴 때 누군가에게 잠깐 마트나 약국에 다녀와 달라고 부탁해야 하는 것과도 같다.

인류를 생존하고 진화하게 한 편도체

당신의 뇌는 공포에 대한 경계 태세를 갖추고 있으며 그 책임은 대부분 편도체에 있다. 편도체는 우리 뇌의 아주 작은 부분으로 크기는 아몬드 한 개 정도인데, 만약 분명하고 실재하는 위협이 있다고 판단하면 당신의 행동을 촉진하는 역할을 한다. '이건 훈련이 아니야!'라고 머릿속에서 크게 소리치는 것이 바로 이 녀석이다.

편도체는 가장 초기에 발달한 뇌의 부분 중 하나로, 편도체의 주된 관심은 바로 '생존'이다. 뇌의 초기 발달이 이루어지던 시기에는 유일하게 중요한 것이 생존이었기 때문이다. 편도체는 '투쟁-도피 반응'을 시작하고 우리의 뇌와 신체를 극도의 경계 상태에 돌입하게 만든다. 인류를 생존하고 진화하게 해준 중요한 부분이지만, 편도체는 뇌에서 가장 정교한 사고를 하는 주역은 아니다. 일단 행동부터 먼저 하고, 그 후에 딱히 질문을 던지지도 않는다.

'투쟁-도피 반응'은 당신을 살아있게 하는 진화 방식이다. 위험을 감지하면 도망치거나 맞서 싸우거나 둘 중 하나를 선택해야 하므로 모든 생리적 반응이 이를 위한 준비를 갖춘다. 근육은 긴장하고 심장은 빨리 뛰며 호흡이 가빠지고 생각은 정신없이 돌아간다. 잠깐! 혹시 이건 불안장애에 대한 설명이 아닌가? 맞다. 불안장애의 증상과 똑같다. 위험을 감지했을 때 일어나는 생리적 반응과 불안장애는 사실상 같기 때문이다.

우리의 뇌는 오늘날의 위협과 스트레스(질병에 대한 공포, 회사, 가족, 인정, 돈, 건강, 거절당하는 것에 대한 두려움 등 말하자면 끝도 없는 목록)에도 곰의 공격에 반응하는 것과 비슷하게 반응한다. 이런 이유로 당신이 상사 앞에서 발표하는 일을 걱정하거나 인간관계에서 마주하는 위기 상황에 대해 과도하게 걱정하는 것도 '투쟁-도피 반응'을 불러일으킬 수 있다.

뇌 속에 존재하는 현명한 친구

'우리의 뇌 안에 편도체를 진정시키고 스트레스를 관리할 수 있는 친구가 있다면 좋을 텐데….'라고 생각한다면 하나 있다. 바로 전전두엽 피질(Prefrontal Cortex)이다. 전전두엽 피질은 뇌의 현명한 여인과 같은 부분이다. 나는 내 전전두엽 피질을 미셸 오바마Michelle Obama라고 생각하고 싶은데, 당신은 루스 베이더 긴즈버그Ruth Bader Ginsberg(미국의 전 연방대법관으로 27년간 양성평등과 소수자를 위한 판결을 이끌었다.-옮긴이)나 마야 엔젤로Maya Angelou(시인이자 소설가로 미국에서 가장 영향력 있는 흑인 여성 중 한 명으로 꼽힌다.-옮긴이) 등 당신이 원하는 인물로 불러도 좋다. 아니면 미리 감사의 표시로 전전두엽 피질이 있는 곳을 가볍게 쓰다듬는 것도 좋겠다.

전전두엽 피질은 인간을 가장 인간답게 만드는 곳이다. 뇌에서 비교적 나중에 생긴 부위로, 인간이 복합적인 무리 안에서 살기 시작하면서 점차 진화했다. 편도체와는 다르게 정교한 사고를 통해 문제를 해결하고, 계획을 세우고, 충동을 억제할 수 있다. 과학자들이 코로나바이러스의 백신을 만들 수 있었던 것도 바로 전전두엽 피질 덕분이다.

전전두엽 피질은 현재 상황과 과거의 기억에 관한 정보에 모두 접근할 수 있으므로 스트레스 상황에서도 현명하고 효과적으로 선택할 수 있다. 문제는 위협을 마주했을 때 편도체보다 느리게 반응한다는 점이다. 편도체는 '전전두엽 피질'이라고 미처 끝까지 말하기도 전에 이미 '투쟁-도피 반응'을 활성화한다. 하지만 너무 걱정하지 않아도 된다. 이 책이 당신에게 편도체를 감독하고 전전두엽 피질을 더 효과적으로 활용하는 방법을 알려줄 테니 말이다.

우리의 전전두엽 피질은 정말 대단하다. 하지만 역시나 반전은 있기 마련이다. 미래에 어떤 일이 생길지 생각할 수 있는 전전두엽 피질의 능력(문제 해결 능력을 말한다)과 과거 경험에 접근할 수 있는 능력은, 우리가 과거를 후회하거나 괴로워하고 미래를 낙담하며 남들과 비교해 스스로를 깎아내리는 것 또한 가능하게 한다.

현대 사회라는 괴물을 만나다

그래서 문제다. 우리의 구시대적 뇌는 여전히 공포를 경계하도록 설계되어 있지만, 우리는 미래를 걱정하고 과거를 괴로워하는 신세대적 뇌도 동시에 가졌다. 하지만 무시무시한 송곳니를 가진 호랑이나 사자, 뱀은 더는 우리 주변에 없다. 그보다 더한 것이 있을 뿐이다. 바로 '현대 사회'라는 괴물 말이다.

현대 사회는 우리의 마음에 그 어느 때보다 더 큰 위협이 된다. 그리고 우리는 이것에 호랑이나 사자, 뱀을 만났을 때와 비슷한 방식으로 반응하는데, 그 반응이 우리에게 항상 도움이 되지는 않는다. 동굴에 사는 원시인이 목숨을 위협하는 위험을 경계했다면, 현대 사회를 사는 우리는 '실패하면 어떡하지? 위험을 감수할 가치가 있는 일일까?' 생각하며 마찬가지로 경계 태세를 갖춘다. 동굴의 원시인은 결정적인 일이 아니면 에너지를 모두 쏟지 않는다. 오늘날 우리의 뇌도 결과를 확신할 수 없다면 어떤 위험도 감수하지 말라고 우리에게 이야기한다.

원시인은 이렇게 생각했을 것이다. '참! 여기서는 사냥하면 안 되지. 지난번에 큰일 날 뻔했잖아.' 현대를 사는 우리의 마음은 이렇게 말할 것이다. '네가 정말 잘할 수 있다고 생각하는 거야? 한번 패배자는 영원한 패배자일 뿐이야.' 거기에 소셜 미디어에 올라온 다른 사람들의 삶과 자신의 처지를 비교하는 것까지 곁들인다. 인간은 무리에서 소외당하는 것을 두려워하도록 설계되었기 때문이다. 그러면 우리의 마음은 위험에 대한 반응으로 과부하에 걸릴 것이다.

그러니까 당신의 마음은 당신의 인생 계획을 망치고 당신을 망하게 하려는 것이 아니라, 고통에서 당신을 구하려는 것이다. 그렇게 하도록 진화했기 때문인데, 어쩌면 역설적이게도 이것이 다소 일을 망치는 셈이기도 하다.

　이제 당신은 당신의 마음이 어떤 종류의 리스크도 감수하지 않으려는 특성을 가졌다는 사실을 알게 되었다. 의도는 좋지만 도움이 안 된다는 것도 말이다. 그러니 이제 마음속에서 일어나는 일들의 일부를 더 효과적으로 다루고 그로 인해 발목을 잡히는 일이 없도록 할 수 있을 것이다. 당신은 편도체를 달래고 전전두엽 피질을 최대한 활용해 스트레스에 효과적으로 대응하는 방법을 터득할 수 있다.

　다음 장에서는 현대 사회에서 스트레스 회복탄력성을 기르는 데 핵심이 되는 기술을 소개할 것이다. 생각과 감정을 잘 다루고 그것에게 사로잡히지 않도록 하는 방법, 스트레스와 마주하고도 충분히 만족스러운 삶을 사는 방법 말이다.

　뇌는 위험을 감지하고 그로 인한 피해로부터 우리를 보호하도록 진화했다. 그래서 호랑이, 사자, 곰에게 쫓길 때는 도움이 되지만, 현대 사회의 다양한 위협들과 맞설 때는 별로 도움이 되지 않는다.

'구시대적 뇌(죽임을 당하거나 거절당하면 안 돼.) + 신식 뇌(지난번처럼 거절당하면 어떡하지? 죽임을 당하면 어떡하지?) + 현대의 삶(나는 실패할 거야. 나는 패배자야. 도저히 못 하겠어.) = 과학에 근거를 둔 접근법을 통해 제대로 관리해야 하는 까다로운 마음'이란 공식이 성립한다.

생각을 다루는 법

생각과 당신의 관계를
바꿔라

생각이 감옥이 되지 않도록 할지어다.

세익스피어, 희곡 〈안토니와 클레오파트라Anthony And Cleopatra〉 5막 2장

모든 것은 당신의 마음과 그 안에서 떠오르는 생각, 기억, 이미지에서 시작한다. 사람들의 가장 큰 실수는 생각을 다루는 방법을 먼저 익히지 않고 인생을 바꾸려 하는 것이다. 생각을 더 잘 다루는 방법을 배우지 않는다면 당신의 마음은 매번 원하지 않는 방향으로 당신을 데려갈 것이다.

이번 장에서는 반갑지 않은 생각, 기억, 이미지를 처리하기 위해 당신이 자주 시도하는 방법들이 그동안 왜 효과가 없었는지 설명하고, 그 대신 어떤 방법을 시도하는 것이 좋은지 이야기하려 한다.

당신은 이제 당신의 뇌가 위험을 감지하는 데 매우 탁월하며, 현대 사회에서 당신의 안녕에 위협이 될 만한 요소들에 경고를 보내기 위해 항상 준비 태세를 갖추고 있다는 사실을 알았다. 당신의 뇌가 (어쩌면 복잡한 스도쿠보다도 더) 어려운 문제들을 해결하는 데 아주 뛰어나다는 사실 또한 잘 알았을 것이다.

우리의 뇌는 사실상 우리가 죽임을 당하지 않도록 하는 데 목적이 있는, 문제 해결 기계라고 할 수 있다. 물리적인 외부의 세계에서는 이 같은 방식의 문제 해결이 아주 잘 작동하기 때문에 괜찮다. 하지만 우리 내면의 세계에서는 그렇지 않다는 것이 문제다.

우리 뇌가 내면의 문제도 해결해 줄까?

최근 당신이 겪었던 문제들을 떠올려 보라. 차가 막혀 회의에 늦게 생겼거나, 천장의 누수를 수리해야 하거나, 신발에 난 구멍을 발견했을 때와 같은 난처한 상황 말이다. 당신의 뇌가 작동을 시작하고 이런 문제들에 대한 해결책을 마련했는가? 회사에 전화를 걸어 회의에 늦을 거라고 이야기하고,

천장을 고칠 사람을 부르고, 신발을 구둣방에 가져가 맡기는 등의 해결책이 나왔을 것이다. 모두 아주 훌륭한 해결책들이다. 여기까지는 아주 좋다.

하지만 문제는 이제부터다. 그 후 우리는 문제 해결사인 뇌가 우리의 내면에서 일어나는 일들, 이를테면 생각, 기억, 이미지, 감정, 욕구, 감각 등 소용돌이 같은 현상들도 해결해주기를 기대하곤 한다.

당신은 최근에 '나는 정말 한심해. 완전 실패작이야. 절대 못 하겠어.'와 같은 생각을 한 적이 있는가? 아마도 그럴 거라고 감히 장담할 수 있다. 어떻게 알았느냐고 묻는다면, 거의 모든 사람이 그런 생각을 하기 때문이라고 답하겠다. 당신이 회사에서, 집에서 창밖을 바라보면서 혹은 풀장의 튜브 위에서 이 책을 읽고 있다면 곁눈질로 옆 사람을 슬쩍 훔쳐보자. 장담컨대 그 사람 또한 가끔 그런 생각을 할 것이다.

옆 팀의 동료는 늘 긍정적이고 밝은 성격이라 인생의 모든 문제를 쉽게 해결하는 것처럼 보이겠지만, 그런 그(혹은 그녀)의 마음 역시 때때로 스스로에게 큰 타격을 줄 것이다. 당신의 마음이 당신에게 하는 것처럼 말이다.

머릿속에 떠오르는 비교, 평가, 비판, 판단을 당신은 어떻게 하는가? 고치거나 바꾸려고 하거나 스스로를 설득해 빠져나오려고 하거나 애초에 그런 생각을 한다는 사실을 자책하기도 할 것이다.

마음속에서 두 생각이 싸우다 결국 다른 사람들이 길을 건너는 동안 당신은 우울하게 혼잣말을 중얼거리며 신호를 놓칠지도 모른다. 적어도 내가 상담한 대부분의 사람들에게 들은 바에 따르면 그렇다.

스스로를 가두는 생각들

원치 않는 생각들을 바꾸고, 회피하고, 없애고, 벗어나려는 시도는 대부분 효과가 없지만, 우리는 여전히 그런 시도를 한다. 왜냐하면 우리는 그렇게 하도록 구조화되어 있고, 사회는 우리가 부정적인 생각을 갖지 않기를 요구하며, 아무도 더 나은 대안을 알려주지 않기 때문이다. 첫 번째와 두 번째 이유는 어떻게 할 수 없지만, 세 번째 이유는 내가 소매를 걷어붙이고 나서고자 한다.

생각을 어떻게든 조절해 보려는 우리의 노력을 바꾸

다(Change), 회피하다(Avoid), 처리하다(Get rid), 없애다(Eliminate)의 첫 글자를 따서 'CAGE'라고 부르겠다. 약자가 등장하지 않으면 제대로 된 '심리 자기 계발서'라고 할 수 없지 않겠는가.

반갑지 않은 생각들과 싸우는 일이 왜 아무 소용이 없는지 보여주겠다. 함께 한 가지를 시도해 보자. 지금부터 하얀 털 북숭이 곰에 관해 생각하지 않는 것이다. 크고 하얀 곰이 북극의 빙하 위를 어슬렁거리는 모습만은 절대 생각하지 않도록 하자. 딱 흰곰만 빼고 무엇이든 다른 것을 생각해도 좋다. 자, 어떤가? 성공했는가? 오히려 지금 당신의 머릿속은 온통 흰곰에 관한 생각이 가득할 것이다.

하버드 대학의 심리학 교수인 대니얼 웨그너Daniel Wegner도 이 현상을 연구했다.[2] 그는 러시아의 대문호인 도스토예프스키의 유럽 여행에 관한 기록에서 다음과 같은 글을 발견했다.

"다음의 과제를 자신에게 던져 보라. 지금부터 흰곰을 생각하지 않는 것이다. 그러면 매 순간 지독하게도 그 생각이 머릿속에 떠오르는 것을 발견할 수 있을 것이다."

웨그너는 이 현상을 연구하기로 했다. 그는 사람들에게 곰에 관한 생각을 억누르라고 말하는 것이 실제로는 그들을 더 자주 그리고 더 강하게 곰에 관해 생각하게 만든다는 사실을 발견했다. 그뿐 아니라, 곰에 관한 생각을 억누르려는 노력에는 곧 그 생각을 하지 않는지 스스로 점검하기 위해 또다시 곰이라는 주제를 떠올리고 생각하는 과정이 불가피하게 따라온다는 것도 알게 되었다.

무슨 말을 하려는지 알겠는가. 반갑지 않은 생각을 마음에서 내보내려고 노력하면 할수록 그 생각은 더 격렬하게 우리에게 돌아올 뿐이다. '난 너무 한심해.' '나는 못생겼어.' '나는 뚱뚱해.' '나는 쓸모가 없어.' '나는 완전 실패작이야.'와 같은 생각을 밀어내려 하면 할수록 이것은 다시 돌아와 당신의 얼굴을 정면으로 강타할 것이다.

생각하지 않으려고 노력하면 정말 생각하지 않는지 알아보기 위해 또다시 생각해야만 하므로, 결국 하지 않으려고 어렵게 노력한 바로 그것을 계속하게 되는 셈이다.

생각에 사로잡힌 상태, 인지적 융합

이렇게 머릿속에서 생각이 뒤엉키는 것을 인지적 융합

(Cognitive Fusion)이라고 한다. 생각 속에 사로잡혀 빠져나가지 못하는 상태로, 마치 끈끈이에 붙어버린 쥐에 비유할 수 있다.

생각에 얽혀 버리는 인지적 융합 상태의 문제는 우리도 쥐처럼 어떤 행동도 취할 수 없다는 점이다. 생각이 우리 삶의 결정권을 쥐고는 우리가 어떤 행동을 할 수 있고 또 할 수 없는지를 스스로 판단하지 못하도록 통제하기 때문이다.

생각에 사로잡힌 인지적 융합 상태에서는 그 생각을 'CAGE'하는(바꾸고 피하고 처리하고 없애는) 데만 너무 몰입한 나머지 현재에 집중할 시간이 부족하다. 현재에 집중하지 못한다는 것은 우리가 스스로의 가치관에 부합하는 방향으로 행동하거나 실제로 변화를 꾀하는 데 도움이 될 만한 효과적인 조치를 취하지 못한다는 뜻이기도 하다. 이것이 가장 큰 문제다.

당신의 생각이 사실인지 아닌지는 중요하지 않다

우리는 어떤 것이 사실이고 어떤 것이 사실이 아닌지에 관해 정말 신경을 많이 쓴다. 그리고 이건 분명 좋은 신호다. 신호 등의 빨간불을 보고 속도를 내서 지나가서는 안 된다고 생각하는 건 잘하는 일이다. 때에 맞춰 세금을 내야 한다는 사실을 기억하는 일이 현명한 것처럼 말이다. 내가 무슨 말을 하려는지 눈치챘는가.

여기서 명심해야 할 사항은 바로 당신의 생각이 사실인지 아닌지는 중요하지 않다는 것이다. 잠깐 이 내용을 충분히 이해할 시간을 갖는 것이 좋겠다. 대부분 이것을 받아들이는 데 어려움을 겪기 때문이다. 당신은 "하지만 정말 사실인걸!"이라고 말하며 내 말을 반박할 것이다.

생각이 정말 사실인지 아닌지 신경 쓰지 말아야 할 순간은 바로 우리의 생각이 평가나 판단, 의견, 추론, 비판일 때이다. 한 예로, 당신 생각에 당신이 사람들 앞에서 발표하는 것을 어려워한다고 가정해 보자. 그게 정말 사실일 수도 있다. 이상적으로라면, 당신은 발표에 필요한 기술들을 좀더 연습해서 단계별로 성장할 것이다. 하지만 그러는 대신 당신의 머릿속에서 일어나는 일은 바로 다음과 같을 것이다.

'나는 발표를 못해. 너무 긴장을 많이 하니까. 그런데 내일 대표님 앞에서 발표해야 하잖아. 얼굴이 빨개지고 말을 더듬는 내 모습이 훤히 보이네. 그러면 동료들이 키득거리며 나를 비웃을 거야. 특히 옆 팀의 그 녀석이 무척 기뻐하겠지. 난 정말 패배자고 실패작이야. 이제 승진도 물 건너갔어. 다음 인원 감축 때쯤이면 나는 해고당할지도 모르겠어. 대출금을 못 갚으면 어떡하지? 다른 일을 알아보기 전까지 몇 달간 쓸 돈이 충분하려나? 대출금을 일시 납입 중지할 수 있는지 알아보는 게 좋겠어. 내일 발표 준비도 해야 하지만 빨리 이 문제부터 조금만 검색해 봐야지. 어쩌면 잠깐이라도 부모님 집으로 다시 들어가는 걸 고려해야 할지도 몰라. 세상에. 부모님이랑 같이 산다고 하면 다들 어떻게 생각할까? 기분이 최악이다. 몸도 좋지 않은 것 같아. 내일은 병가를 내야겠어.'

자, 발표에 관한 생각에서 어떻게 부모님 집으로 들어가 쪽방에서 자는 생각까지 전개되었는가? 자기비판과 평가에 푹 빠져서는 말이다. 이 예시에서 당신이 발표를 앞두고 긴장을 많이 하는 사람이라는 것은 어쩌면 사실이다. 하지만 연습을 통해 더 나아질 수도 있을 것이다. 그러나 자기비판에만 매몰된다면 생각이 자동으로 전개되어 당신을 급속도로 절망의 늪으로 끌고 가고, 발표 실력을 기르기 위해 할 수 있는 유익한 행동들은 전혀 할 수 없게 된다.

단기적으로는 이것도 괜찮을지 모른다. 회피도 효과가 있긴 하다. 잠깐은 기분이 나아질 테니까. 하지만 꼭 천재가 아니어도 알 수 있을 것이다. 반복적으로 이 모든 것을 회피한다면 결국에는 궁색하고 위축된 인생만 남는다는 사실 말이다. 당신은 그런 결과를 원하지 않을 것이 분명하다. 지금 이책을 열심히 읽는 걸 보면 알 수 있다.

생각과 당신의 관계부터 바꿔라

자, 여기 멋진 소식이 있다. 당신은 당신의 마음에서 비롯한 모든 빌어먹을 감정에 귀 기울이지 않아도 되며, 머릿속에 떠오르는 모든 생각을 바꾸고 피하고 처리하고 없애려고 노력하지 않아도 된다. 엄청난 이야기가 아닌가. 나에게도 이깨달음은 무척 충격적이었다.

생각 자체를 바꾸고 피하고 처리하고 없애려는 노력 대신 생각과 당신의 관계를 바꾸려는 노력을 기울이면 생각을 좀더 똑똑하게 관리할 수 있다. 이것이 핵심이다. 어떤 생각이 들더라도 그 생각에 말려들지 않을 수 있다. 아리스토텔레스는 "생각을 온전히 받아들이지 않고도 생각을 품을 수 있는 것이 지식인의 특성이다."라고 말했다. 아리스토텔레스의 명언을 가슴 한쪽에 새기면 언제나 도움이 될 것이다. 그리고 연습을 통해서라면 그의 말대로 할 수 있다.

머릿속의 온갖 생각을 파티에 온 성가신 손님들이라고 생각하자. 당신은 그들을 초대하고 싶지 않았는데, 그들이 회사 동료를 따라오는 바람에 억지로 한 공간에 모였다. 당신은 파티가 끝날 때까지 내내 그들을 노려보고 그들이 떠나기만을 기다리며 시간을 보낼 수도 있다.(하지만 그들은 절대 떠나지 않을 것이다.) 그러느라 다른 손님들을 제대로 보살피지 못한 채로 말이다.

그 대신 다른 방법으로 접근할 수도 있다. 속마음은 그러고 싶지 않더라도 불청객들에게도 친절한 파티 주최자가 되어 보는 것이다. 그들에게 충분히 예의를 갖추고 가능한 한 가장 따뜻한 미소를 지어 보이며 훌륭한 칵테일과 안주를 건넨다. 그러면서 다른 손님들과도 끊임없이 어울리고 파티에 참석한 모두가 즐겁게 지낼 수 있도록 노력한다.

친구들이 맛있는 파티 음식을 가져와서 당신의 평가와 칭찬을 기다리는데도 그들에게 관심을 기울이지 못한 채 어떻게 하면 불청객들을 아래층 화장실에 가둘 수 있을지 은밀한 계획을 세우는 것보다는 이 방법이 시간을 보내는 더 나은 방법이다. 원하지 않는 생각들에 대해서도 마찬가지다. 머릿속의 생각들과 원만하게 어울린다면 생각들을 지금 당장 내쫓아야 한다는 강박에서 벗어날 수 있다.

생각의 폭탄을 해체하라

그럼 이제 이 불청객 같은 생각들을 어떻게 해야 할까? 이럴 때는 생각에 유리한 증거와 반대되는 증거를 모두 찾아보는 전통적인 인지 치료 방법이 효과적일 수도 있다. 하지만 이 방법 또한 생각에서 빠져나오는 행위에 집중하게 하므로 생각을 완전히 이겨낼 수는 없다. 특히 그 생각이 스스로에 대한 평가라면 더욱 그렇다. 당신의 마음은 당신을 괴롭힐 새로운 방법을 계속해서 찾아낼 것이다.

　그러니 이럴 때 효과적인 방법은 생각의 주체(당신)와 생각 사이에 적절한 공간을 만드는 것이다. 그러면 생각에게 속수무책으로 당하는 대신 그것을 어떻게 다룰지 선택할 수 있다. 생각을 효과적으로 관리할 수만 있다면 분명 인생을 바꿀 수 있다. 생각이 아니라 바로 당신이 인생의 주인이 되는 것이다.

사방으로 폭발하는 폭탄 같은 생각과 당신 사이에 적절한 공간을 만들기 위해서는 먼저 폭탄을 해체해야 한다. 생각의 폭탄을 해체한다는 것은 생각이 가진 힘을 없애버리는 것을 의미하며, 더는 생각에 얽매이지 않도록 스스로를 자유롭게 하는 것이다. 다시 말하지만, 생각이 사실인지 아닌지를 밝혀내는 것은 중요하지 않다.

생각과 분리되기 위한 훈련 중 내가 가장 좋아하는 몇 가지를 적어보겠다. 이 훈련의 목적은, 당신이 한 발짝 뒤로 물러서서 생각을 사실이라고 믿는 것이 당신이 인생에서 중요하게 생각하는 가치들과 당신을 더 가까워지게 하는지 혹은 멀어지게 하는지 알아보는 것이다. 그렇게 하면 지독한 생각 중 일부는 사라질 수도 있다.

하지만 이는 폭탄 해체의 유익한 부대 효과일 뿐 주된 목적은 아니다. 그렇게 생각하지 않으면 얼마 지나지 않아 당신은 생각을 모두 없애주지 않았다며 나를 맹렬히 저주하고 원망하고 싶어질지도 모른다. 당신의 생각이 과연 의미 있고 풍족하며 활력이 넘치는 삶을 위한 행동으로 이어지는지 매 순간 질문하는 것이 가장 중요하다.

✅ 생각 인지하기

다음은 자기비판과 평가로부터 안전해지기 위한 여러 가지 방법 중 내가 가장 선호하는 것이다.[3]

- 지금 바로 떠올릴 수 있는 매우 부정적이고 자기비판적인 생각을 소환한다. '나는 실패작이다 / 엉터리다 / 뚱뚱하다 / 쓸모가 없다.'와 같은 생각을 포함해 원하는 대로 마음껏 떠올려 보라.
- 30초에서 1분 동안 이 생각이 당신에게 깊숙이 파고들도록 내버려 둔다. 이런 생각을 믿고 따를수록 어떤 감정이 드는지 알아본다.
- 이제 자기비판의 생각 뒤에 '~라는 생각을 가지고 있다.'라는 문구를 붙인다. 그래서 문장을 완성하면 '나는 내가 실패작이고, 패배자고, 엉터리라는 생각을 가지고 있다.'가 되도록 한다. 이 문장을 종이에 써 보면 더 좋다.
- 다음으로는 폭탄 해체 전문가가 되어 생각을 해체하듯

다음의 문장을 적어 보자. '나는 내가 ~라는 생각을 가지고 있다는 사실을 인지하고 있다.'

- 정리하면 이렇다.
  - 나는 엉터리다.
  - 나는 내가 엉터리라는 생각을 가지고 있다.
  - 나는 내가 엉터리라는 생각을 가지고 있다는 사실을 인지하고 있다.

이 과정을 통해 무엇을 발견했는가? 당신과 생각 사이에 거리가 느껴지는가? 이 훈련을 하기 전보다 조금은 생각에 덜 사로잡히게 되었는가? 생각과 거리를 둬서 다른 행동을 취할 수 있는 여유를 얻었는가?

✅ 마음에게 감사하기

가끔은 내 마음이 나에게 주제넘은 충고를 건네는 것 같다고 느낄 때가 있다. 마치 우리 집 유선 전화로 전화를 거는 사람들이나(요새 누가 유선 전화를 쓰는가?) 나에 관해 제멋대로 판단하는 사람들처럼 말이다. 당신의 마음도 당신에게 비슷한 수작을 부릴 테지만, 당신은 그런 마음과 맞서 싸우는 대신 마음에 감사하는 법을 배움으로써 그것으로부터 벗어날 수 있다.[4] 마음에 이름을 붙여주는 것 또한 당신의 폭탄 해체 연습을 더욱 강력하게 만들어 줄 것이다.

> 마음: 안녕? 나야. 네가 걱정해야 할 것 같아서 전화했어.
>
> 나: 안녕, 마음아! 고맙지만 난 괜찮아. 불행을 감지하는 거대한 안테나로 나를 도와주려는 노력은 고마워. 하지만 내가 알아서 할게.
>
> 마음: 그렇게는 안 될걸. 내 입을 그렇게 쉽게 막을 수는 없을 거야. 네 미래에 닥칠 불행을 지금 당장 걱정하지 않으면 큰일 난다는 것만 명심해!
>
> 나: 생각해줘서 고마워. 네가 도움이 되려는 건 잘 알겠어. 더 해줄 말 있니?
>
> 마음: 음… 기다려 봐.
>
> 나: 친구야. 나는 할 일이 있어서 이만 끊을게. 나중에 다시 이야기하자.

✅ 웃긴 목소리로 말하거나 노래하기

생각이 가진 힘을 한 줌 덜어내기 위한 방법이 또 있다. 골치 아픈 생각을 소리 내서 노래로 부르는 것이다.[5] 많은 사람이 생일 축하 노래를 활용하는데, 나는 '맘마미아Mamma Mia(스웨덴의 전설적인 팝 그룹 아바ABBA의 노래-옮긴이)'도 꽤 좋은 대안이라고 생각한다. 어떤 노래를 선택하든 상관없다. 다양한 속도로 생각을 노래로 부르면 어떻게 되는지 지켜보자.

비슷한 방법으로는 영화나 만화 영화에 나오는 배우나 캐릭터의 웃긴 목소리로 생각을 소리 내어 말하는 것도 있다. 미스터 빈Mr. Bean(영국의 시트콤으로, 주인공 미스터 빈은 저음의 특이한 목소리를 가졌다.-옮긴이)의 목소리가 바로 이런 용도를 위해 만들어진 것 아니겠는가? 그의 목소리를 흉내 내며 "나는 대단한 실패작이야."라고 말해 보자. 그리고 그 생각과 당신의 관계가 어떻게 달라지는지 관찰하자.

이건 스스로를 조롱하는 일이 아니다. 생각은 단순히 생각일 뿐, 반드시 따라야 할 법이나 규칙이 아니라는 것을 자신에게 알려주는 것뿐이다. 생각의 힘을 무력화하는 과정인 셈이다.

✅ 반복해서 말하기

지금부터 100년도 전에 심리학자 에드워드 티치너Edward

Titchener는 단어가 여러 번 반복될수록 본래의 의미를 잃는다는 것을 발견했다.[6] 그는 '우유'라는 단어를 사용했지만 나는 '레몬'으로 시도하고자 한다. 혹은 '포크'도 좋다.

지금 바로 '레몬'을 40번 소리 내어 말해 보라.(당신이 버스나 지하철 안은 아니길 바란다.) 어떤가? 단언컨대 레몬이라는 단어는 그저 의미 없는 소음의 연속이 되었을 것이다. 레몬, 우유, 포크와 같은 단어들은 당신에게 문제가 되는 생각이나 감정을 연상하게 하지 않을 테지만, 당신이 스스로를 비판할 때 사용하는 단어나 문장은 분명 다를 것이다. '멍청한, 뚱뚱한, 쓸모 없는, 형편없는 사람' 같은 평가와 비판의 단어들 말이다.

이제 당신이 자주 사용하는 자기비판의 단어들로 위의 연습을 반복하자. 적어도 40번은 반복해서 말하고 그 말의 감정적 위력을 덜어내 보자. 이것은 자기비판의 말이 사실인지 아닌지 밝히고 스스로 그 사실을 납득하기 위해 노력하는 것이 아니다. 그저 내면의 비평가가 내뱉는 말의 힘을 없애려 노력하는 것이다.

이 과정을 통해 어떤 점을 발견할 수 있었는가? 말의 힘이 변화했는가? 이 방법이 효과가 있다면 한 주 동안 여러 번 이를 반복해 보자. 상사와의 회의 시간에 '루저'라고 조용히 주문을 외우는 것만은 되도록 조심하면서 말이다.

✅ 생각을 종이에 적어보기

당신을 괴롭히는 골치 아픈 생각을 작은 종이에 적어 지갑이나 가방에 넣자.[7] 아무리 고통스러운 생각이라도, 그 생각을 지니고 다니며 스스로에게 다시 질문하는 것이다. 생각을 그저 단어의 연속일 뿐이라고 여길 수 있는지 말이다. 그저 단어의 연속일 뿐인 생각은 당신에게 어떤 행동을 할 수 있고 할 수 없는지 명령할 수 없다.

내가 지갑에 지니고 다니는 것은 '나는 형편없는 심리치료사다.'라는 생각이다. 이 생각이 사실일 수도 있고 아닐 수도 있지만 나는 여전히 매일 출근해서 사람들에게 도움이 되려고 노력한다. 그리고 내가 형편없는 심리치료사가 아닐까 의심스러울 때마다 나는 지갑 속에 있는 작은 종잇조각을 꺼내 생각을 인지한다. 그런 다음, 곧 나에게 중요한 일을 하기 위해 주의를 돌린다. 그건 그저 하나의 생각일 뿐이니까 말이다.

이미지의 폭탄을 해체하라

지금까지는 생각에 집중해서 이야기했는데 우리는 몽상이나 환상, 기억의 형태로 선명한 이미지들을 보기도 하며, 생각과 마찬가지로 그것들에서도 쉽게 영향을 받는다.

그림은 말보다 뇌에 더 강한 영향을 준다. 마음의 눈으로 생생한 장면을 보면 글로만 생각을 떠올릴 때보다 훨씬 더 구체적이고 강력한 감정을 느낀다. 생각이 그랬던 것처럼 머릿속의 장면도 우리를 사로잡을 수 있다. 아마도 당신의 뇌는 사랑하는 사람이 당신을 떠나는 힘겨운 장면을 반복 재생하며 당신을 절망과 실의에 빠지게 하거나, 당신이 일자리, 집, 자녀, 반려동물을 잃는 생생한 영상을 상영하며 당신을 불안에 휩싸이게 할 것이다.

근본적으로 당신의 마음은 앞 장에서 살펴본 것처럼 당신의 친구가 되어 당신을 안전하게 지키기 위해 불행을 예고하며 머릿속으로 장엄하고 선명한 총천연색의 영화를 재생할 것이다. 또한 이 영화의 자막에는 '당장 뭐라도 해!'라고 적혀 있다.

당신은 원치 않는 생각들을 밀어내듯, 원하지 않는 장면들도 밀어내 왔을 것이다. 이것이 단기적으로는 효과가 있었을지 모른다. 생각과 장면은 잠깐은 사라지지만, 우리가 흰곰의 사례를 통해 알게 된 것처럼 더 강력하고 더 빈번한 주기로 돌아올 것이다. 그러니 생각과 장면을 억누르는 데 소중한 정신적 에너지를 낭비하는 대신, 머릿속에 재생되는 영상에서 해방되기 위해 다음의 기법을 시도해 보자. 그리고 기억하자. 이 기법의 목적은 원하지 않는 영상들을 지우려는 것이 아니라 그것들을 있는 그대로 바라보려는 것이다. (만약 당신이 정신적 트라우마를 일으키는 과거의 학대, 폭력, 폭행과 관련된 장면들 때문에 고통받는다면 전문적으로 상담받기를 강력하게 권고한다. 그런 장면들을 다음의 기법을 활용해 감당하려고 노력하는 것은 절대 추천하지 않는다.)

✅ TV 화면에 띄우기

당신을 괴롭히는 장면을 TV나 휴대폰 화면에 띄우는 상상을 한다.[8] 그리고 그 장면을 이리저리 가지고 놀아 보자. 이미지를 흑백으로 만들기도 하고, 위아래를 뒤집어 보고, 장면을 흐릿하게 만드는 것이다. 빨리 감기를 하거나 되감기를 2배속으로 돌려 보자.

머릿속에서 불쾌한 장면을 사라지게 하는 것이 이 연습의 목적은 아니다. 모두 당신에게 해를 끼칠 수 없는 단순한 이미지일 뿐이라는 것을 직접 확인하기 위함이다.

✅ 예고편으로 만들기

영화관에 앉아 당신을 고통스럽게 하는 장면으로 이루어진 예고편을 보고 있다고 상상해 보자. 극적인 해설까지 곁들여진 완전 촌스러운 예고편 영상을 하나 만드는 것이다. 해설은 이렇게 흘러나온다. "그렇게 헬렌은 크게 실패하고 그녀가 아끼는 모든 것을 잃게 된다. 당신에게 찾아올 놀라운 이야기. 개봉 박두!"

✅ 투영하기

생각하기 괴로운 장면을 모든 순간과 모든 장소에 투영해 본다. 벽, 옥외 광고판, 거실에 둔 그림에도 그 장면이 걸려 있다고 상상하는 것이다. 이 장면들이 당신 가까이에 있다 해도 실제로 위협이 되진 않는 허상일 뿐이라는 것을 확인하는 과정이다.

당신을 움직이게 하는 것은 무엇인가

당신이 모든 생각과 이미지에서 해방되어야 하는 것은 아니다. 사실 생각과 융합하는 일은 즐거운 경험이 될 수도 있다. 책을 읽거나 영화를 볼 때와 같이 그 속에 완전히 몰입하고 사로잡히는 경험도 삶에서 꼭 필요하다. 왜 안 되겠는가? 당신이 스스로의 목표와 가치관에 따라 사는 것을 방해하지만 않는다면 온전히 몰입해도 괜찮다.

　루크(영화 〈스타워즈〉 시리즈의 주인공 - 옮긴이)가 죽음의 별을 파괴하려는 장면을 볼 때마다 저건 플라스틱 모형일 뿐이며, 저 멀고 먼 곳에 은하수라는 건 실제로 존재하지 않는다고 되뇌면 너무 재미없지 않겠는가. 완전히 영화에 빠져들어 당신이 마치 제다이(〈스타워즈〉 시리즈에서 평화와 질서를 수호하는 기사단 - 옮긴이)라도 된 것처럼 위력을 활용해 탁자 반대편에 있는 리모컨을 소환할 수 있다고 믿고 싶은 마음도 이해한다. 하지만 당신이 제다이가 된 것 같은 생각에 너무 심취한 나머지, 출근도 하지 않고 가족이나 친구들과 대화도 하지 않고 신발 상자와 은박지로 실물 크기의 엑스윙 전투기를 만드느라 온종일 시간을 보낸다면 안 될 것이다.

여기서 적절한 해결 방법은 당신에게 좋은 결과를 가져다주지 않거나 스스로 원하는 모습이 되지 못하도록 당신을 가로막는 생각이 있다면 그것에서 해방되는 것이다. 자기비판에 빠지는 것이 더욱 열심히 노력하도록 동기를 부여하는가? 단기적으로는 그럴 수 있지만 대부분 지속적인 동기 부여는 어려울 것이다. 일을 더 잘할 수 있거나 더 나은 연인 혹은 친구가 될 수 있을지도 모른다. 하지만 정말 의미 있는 변화를 만들고 싶다면, 어떤 방법이 당신을 움직이게 하는지 스스로에게 질문해야 한다. '나는 최악이야.'라는 생각에 사로잡히는 것인가? 아니면 그런 생각에서 벗어나 자신의 가치관에 기반을 둔 의미 있는 행동을 하며 삶을 개선하는 것인가?

긍정적인 사고는 무조건 좋을까?

이쯤에서 대부분의 독자는 눈을 가늘게 뜨고 나를 의심 가득한 눈초리로 바라보며 "그럼 긍정적인 사고는요?"라고 묻거나 "긍정적인 말은 기분을 나아지게 만드는 걸요?"라고 말할지도 모른다. 그렇다. 가끔은 맞는 말이다. 하지만 맥락에 따라 달라질 수 있다. 언제, 왜 긍정적인 사고를 활용하는지에 따라서 말이다.

때로는 '나는 주차를 기가 막히게 잘해.'라거나 '그 면접 정말 잘 봤어.'라는 생각에 빠져도 괜찮다. 하지만 부적절한 정도까지 지나치게 심취할 수도 있으니 문제다. '나는 운전을 기가 막히게 잘하니까 술을 마시고 운전해도 괜찮아.'라든가 '나는 정말 실력 있는 의사니까 적당히 해도 돼.'라는 생각에 말이다. 도널드 트럼프 한 사람만 봐도 긍정적인 확언에 지나치게 빠져 불건전한 정도에 이르면 그 결과가 어떻게 되는지 알 수 있지 않은가.

결국 우리가 던져야 할 질문은 바로 이것이다. 생각과 융합되는 것이 당신이 원하는 삶을 살고, 되고 싶은 사람이 될 수 있게 하는가? 긍정적인 사고가 효과가 있다면 계속해도 좋다. 너무 깊이 빠지지만 않는다면 말이다. 강압적이거나 지나친 긍정의 사고는 대개 어둡고 힘든 감정을 가리기 위한 수단으로 쓰이는 경우가 많다. 그리고 이 역시 장기적으로는 좋은 결과를 가져오지 못한다는 것을 기억하자.

머릿속에 떠오르는 생각, 기억, 장면들과의 관계를 바꿈으로써 인생을 바꿀 수 있다. 생각이나 이미지를 독재자가 내린 명령처럼 절대적인 것으로 간주하지 말고 단순한 인지적 현상으로 보는 방법을 터득한다면 생각이나 이미지가 가진 힘을 무력화하고, 정말 중요한 일에 집중할 수 있는 에너지를 얻을 수 있다.

3장

감정을 다루는 법

감정에 일정한 자리를
내어주자

감정은 인지로 가는 가장 진실한 경로다.[9]

오드리 로드Audre Lorde, 미국의 시인이자 사회운동가

당신은 기분이 나아지길 원하는가 아니면 기분을 잘 느끼고
싶은가? 전자는 단지 긍정적인 감정만을 느끼려고 노력하는
것이다. 후자는 모든 감정을 느끼며 좋지 않은 일까지 포함
해 인생의 모든 면을 만끽하고자 하는 것이다. 내가 이 둘 중
어떤 것에 관해 말하고자 하는지 짐작해 보라.

'스트레스 회복탄력성'이란 감정을 회피하는 것이 아니
며, 감정에 완전히 조종당하는 것도 아니다. 삶의 모든 과정
에 좀더 유연해지는 것을 의미하며, 감정과 함께 구부러질
줄 알고 자신에게 중요한 가치에 따라 행동할 수 있는 것을
말한다. 잠깐 시간을 갖고 상상해 보라. 세상이 당신에게 던

지는 모든 불안, 슬픔, 죄책감, 행복, 기쁨, 짜증, 초조함에 자리를 내어주고도 중요한 일들을 멋지게 해낼 수 있는 당신의 모습 말이다. 이처럼 지속적인 회복탄력성은 어떻게 기를 수 있는지 알고 싶다면 계속 읽어 보자.

감정을 추구하는 것은 인간의 본성이다

감정이란 중뇌에서 발생하는 복합적인 생리학적 변화다. 어떤 일이 생기면 내면에서 일어나는 것이든(기억 또는 생각) 외부에서 일어나는 사건이든(누군가와 다투거나 나쁜 소식을 듣는 것) 뇌는 이를 주목해야 하는 대상으로 인식한다. 그리고 당신이 반응하고 행동을 취할 수 있도록 준비한다. 하지만 이 과정은 매우 빨리 일어나기 때문에, 당신이 미처 "나는 괜찮아!"라고 말하기도 전에 이미 모두 끝나 있을 것이다.

인간의 감정이 모두 몇 가지인지를 둘러싸고 논쟁이 많지만, 다음의 여섯 가지 기초적인 감정이 있다고 간주해 보자.

- 두려움   - 슬픔

- 분노   - 놀라움

- 혐오   - 기쁨

이 중 당신은 어떤 감정을 좋아하는가? 이 질문에 대부분은 기쁨을 선택할 것이다. 나 역시 그렇다. 놀라움도 괜찮을 수 있는데, '세상에. 내 신발에 전갈이 들어 있네.'와 같은 유형의 놀라움이 아니라, '소파 등받이 아래 깊숙한 곳에 다이아몬드 반지가 있었네.'와 같은 유형의 놀라움이라면 말이다. 그 외에 나머지는 영 별로이지만 모두 우리가 느끼도록 진화한 감정들이다. 다시 말하지만, 우리가 생존할 수 있게 도와준 감정들이기에 절대 나쁘다고 할 수 없다.

그런데 가장 이상한 점은 무엇인지 아는가? 우리는 모두 감정을 간절히 느끼고 싶어 한다. 우리는 어떤 식으로든 감정을 느끼게 해주는 경험을 찾는다. 즐거움을 느끼기 위해 코미디 프로그램을 시청하고, 놀라움과 공포심을 느끼기 위해 호러 영화를 보고, 재미와 감동을 위해 〈E.T.〉나 〈타이타닉〉 같은 영화를 본다. 슬픈 일이 있을 때 심금을 울리는 노래를 들으며 거리를 배회해 보지 않은 이가 있겠는가? 이처

럼 음악이나 예술, 문학을 통해 다양한 감정을 추구하는 것
은 인간의 본성이다.

하지만 우리는 스스로를 얼마나 깊은 감정에 드러낼지 그
강도를 조절할 수 있고, 어떤 방식으로 자신을 노출할지 직
접 선택할 수 있을 때만 감정을 느끼는 것을 즐긴다. 문제는
감정 자체에 있는 것이 아니라, 우리가 예상치 못한 감정과
마주했을 때 그것에서 벗어나기 위해 어떤 시도를 하는지에
달려 있다.

깨끗한 고통과 더러운 고통

행복에 관한 이야기 중에는 사실이 아닌 낭설이 많다. 가장
널리 알려진 것은 아마도 '행복한 상태가 인간의 정상적인 상
태'라는 말일 것이다. 앞서 말한 여섯 가지 목록을 다시 한번
보더라도 우리의 하루가 좋은 감정들로만 가득하지 않을 것
을 알 수 있다. 목록의 30퍼센트 이상이 '부정적'이라고 생
각할 수 있는 감정들이다. 인간은 느긋하게 행복을 느끼면서
생존한 것이 아니다. 그런데 우리는 이른바 자연스럽고 보편

적인 부정적 감정을 느낄 때면, 충분히 적절한 것임에도 없애야 한다고 생각한다.

일자리를 잃었거나, 연인과의 관계가 끝났거나, 부모님이 불치병에 걸리셨다면 어떤 감정이 들까? 그런 상황에서 슬프고 불안하고 두렵다고 느끼는 것은 적절하지 않은가? 이렇게 인간이기 때문에 당연히 느끼는 정상적인 감정적 고통을 '깨끗한 고통'이라고 하자. 문제는 이 깨끗한 고통을 '통제하고 회피하고 처리하고 없애려고(CAGE)' 할 때 발생한다. 깨끗한 고통을 비효율적으로 다루는 바람에 새로운 유형의 고통, 즉 '더러운 고통'이 따라오기 때문이다.

더러운 고통은 깨끗한 고통을 억누르려고 시도하면서 고통이 오히려 배가될 때 드러난다. 관계를 회피하고, 기분이 나아지기 위해 폭음과 폭식을 하고, 정상적인 생활이 안 될 정도로 세상과 벽을 쌓는 등의 결과로 이어진다. 역설적으로, 애초에 깨끗한 고통을 통제하기 위해 했던 행동이 오히려 당신을 통제하기 시작하고 삶을 제한하기에 이른다. 결국 당신은 처음에 느꼈던 깨끗한 고통(연인과 헤어진 후의 슬픔 같은)에 새롭게 더러운 고통(처음의 감정적 고통을 더 악화시키며 당신을 원하던 삶에서 점점 멀어지게 하는 알코올 의존증 같은)까지 더하고 만다.

이렇게 생각하면 쉽다. 깨끗한 고통은 인생에서 무엇이든 소중히 여기는 것이 있다면 피할 수 없는 고통이다. 더러운 고통은 깨끗한 고통을 대하는 더 나은 방법을 알고 있다면 필수는 아니다.

감정은 물속의 비치볼과 같다

지금부터 소개하는 비유법은 감정에 관해 알아가는 아주 유용한 방법이다.[10] 휴가 때 풀장에서 물놀이를 하며 비치볼을 수면 아래로 밀어 넣는 장난을 해본 적이 있는가? 공을 물속에 계속 머물게 하려면 상당히 지속적이고 강한 힘이 필요하다. 그리고 동시에 다른 행동은 하고 싶어도 할 수가 없다. 그러다 손을 놓치면 어떻게 될까? 비치볼은 곧바로 당신의 얼굴을 향해 튀어 오를 것이다. 어쩌면 수영장 주변에서 느긋하게 쉬고 있던 사람들이 당신의 이런 모습을 보고 웃음을 터뜨릴지도 모른다.

감정을 밀어내기만 하면 어떻게 될까?

원하지 않는 감정들을 밀어내면 다음과 같은 결과가 이어진다. 일단 비치볼처럼 감정도 곧바로 정면으로 되돌아온다. 또한 원하지 않는 감정을 밀어내기 위해 모든 에너지를 쏟은 나머지, 남은 생을 허비하게 된다. 이렇게 감정을 없애려는 노력을 '경험 회피'라고 한다. 이는 고통스러운 내면의 경험에 노출되기를 꺼리는 경향으로, 결과적으로 더 큰 고통을 불러온다.

원하지 않는 감정을 밀어내는 행동은 단기적으로는 효과가 있으므로 우리는 이를 지속하지만, 감정을 회피하기 위한 전략들은 삶의 질을 낮추고 중요한 삶의 가치로부터 우리를 점점 더 멀어지게 할 뿐이다.

우리가 이렇게 행동하는 것은 이상한 일이 아니다. 감정을 효과적으로 다루는 방법을 배운 사람이 거의 없기 때문이다. 월요일 아침 수학 수업 다음에 '열린 마음으로 감정 대하기'나 '감당하기 어려운 감정을 슬기롭게 다루기'와 같은 과목을 가르치는 학교는 어디에도 없을 것이다. 고통스러운 감정을 극복하기 위해 우리가 선택할 수 있는 일은 긍정적인 감정으

로 덮어버리거나 모든 감정을 통째로 없애버리거나 감정을
회피하는 것밖에는 없어 보인다.

당신만의 감정 대처 전략은 무엇인가

감정을 통제하거나 회피하고 처리하거나 없애기(CAGE) 위
해 당신은 다음 중 어떤 것을 선택하는가?

- 음주
- 마약
- 폭식
- 섹스
- 운동
- TV 시청

- 인터넷 서핑
- 자기비판
- 남 탓
- 관계 회피
- 긍정적인 확언

이것은 완벽한 목록이 아니므로 여기에 당신만의 감정 대처
전략을 자유롭게 추가해도 좋다. 물론 가끔 이런 선택을 하
는 것은 큰 문제가 아니다. 다른 모든 이들과 마찬가지로 나

역시도 초콜릿 과자를 입안 가득 물고 TV 앞에 앉기를 좋아한다. 하지만 이런 행동이 감정에 대한 자동 반응이자 습관적인 반사 작용이 될 때, 그리고 지나치게 많이 사용할 때 문제가 발생한다.

단기적으로는 잘 통하는 전략이기에 우리가 계속 선택하지만, 자세히 보면 그에 따라 당신의 신체적, 정신적 건강에 나타난 장기적인 결과는 그다지 긍정적이지 않다. 이처럼 극단적인 대처 전략들은 당신이 정말 중요하게 생각하는 것들과는 반대 방향으로 나아가게 만들기 때문이다.

감정의 역사를 되돌아보자

그동안 살아오면서, 특히 어린 시절에 당신이 감정에 관해 어떤 것들을 배웠는지 되돌아보는 것도 도움이 될 수 있다. 먼저 다음 질문의 답을 생각해 보자.

- 당신이 입 밖으로 꺼내면 안 되는 감정들은 어떤 것이 있었나?

- 공개적으로 표현해도 되는 감정들은 어떤 것이었나?
- 당신이 화가 났을 때 주변 어른들이 어떤 말을 했는가? 혹은 어떻게 행동했는가?
- 당신의 주변 사람들은 힘든 감정과 마주할 때 어떤 전략을 취했나?
- 당신은 어려운 감정을 다룰 때 어린 시절에 배웠던 전략들을 여전히 사용하는가?

사실 완벽한 '감정 교육' 같은 건 어디에도 존재하지 않는다. 그러니 당신 아닌 다른 누군가는 인생이 휘두르는 감정의 공격을 손쉽게 피해가며 완벽한 삶을 살 거라고 생각하지 않아도 된다.

우리는 삶이라는 바다를 항해하는 동안 도움이 되는 방법들도, 도움이 되지 않는 방법들도 모두 배운다. 위의 질문들은 당신이 이미 배워서 알고 있을지도 모르는 자기 평가의 사고를 파악하고, 그것이 여전히 당신에게 영향을 주는지 파악하기 위한 것일 뿐이다.

스스로에게 질문해 보자

당신이 스스로에게 할 질문은 다음과 같다.

"내가 원하는 삶을 살기 위해서 나는 어떤 감정들을 기꺼이 느낄 것인가?"

다음과 같은 질문 대신에 말이다.

"이런 감정을 그만 느끼기 위해서는 도대체 무엇을 해야 하는가?"

당신도 나도 감정을 완벽히 통제할 수는 없다. 때때로 감정에 영향력을 행사하거나 잠깐 피할 수 있을지는 몰라도 실제로 우리가 통제할 수 있는 부분은 감정이 나타났을 때 우리가 취하는 행동일 뿐이다.

당신의 몸에 두 개의 눈금판이 달려 있다고 상상해 보자. 하나는 감정의 고통을 나타내는 눈금판이다. 당신에게 일어나는 일에 따라 눈금이 변화한다. 승진에 실패하거나, 아이가 크게 아프거나, 반려견이 무지개다리를 건넌다면 눈금판은 고통 단계의 가장 위쪽을 가리킬 것이다. 인생에서 무엇이든 아끼는 것이 있다면 고통은 무조건 존재한다. 이 눈금판이 당신의 양 날개뼈 사이에 단단하게 고정되어 있다고 상상해 보자. 손이 닿지 않는 곳에 있으므로 닿으려고 온갖 괴상한 자세를 취해 봐도 몸이 뒤틀리기만 할 뿐이다.

이제 다른 눈금판이 당신의 팔뚝에 달려 있다고 상상하자. 이 눈금판은 당신의 의지를 표시한다. 어떤 감정이든 상관없이 당신이 얼마나 기꺼이 감정을 느낄 의지가 있는지를 나타낸다. 이 눈금판은 손이 닿는 곳에 있으므로 쉽게 조작할 수 있다. 당신이 직접 통제할 수 있는 것이다.

이제 선택권은 당신에게 있다. 피할 수 없는 일이 생겨 불가피하게 당신이 원하지 않는 감정이 나타났을 때, 몸을 거꾸로 뒤집으며 등 뒤에 달린 눈금판을 조절하려고 시도할 수도 있고(눈금판에 닿을 수 있다 해도 장기적으로는 감정을 바꾸지 못할 것을 알면서), 아니면 의지의 눈금판을 한껏 올려 마음의 문을 열고 주어진 감정을 흔쾌히 받아들일 수도 있다.

감정에 일정한 자리를 내어주자

이 책이 당신에게 남은 삶 동안 절망적인 감정을 모두 받아들이며 살아가라고 조언했다며 투덜대거나, 책을 창문 밖으로 던져버리기 전에 내 말을 끝까지 한번 들어 보길 바란다.

감정을 받아들이는 것은 이를 악물고 감정을 참고 견디는 것이 아니다. 감정을 삼키고, 인내하고, 견디고, 쓴웃음을 지으며 참고, 운명이라 여기며 체념하고, 굴복하고, 포기하고, 억누르는 것도 아니다. 그러려면 내면의 경험을 어떤 방법으로든 직접 변화시켜야 할 텐데, 그건 진정한 의미의 '받아들임'이라고 할 수 없다.

'감정 받아들이기'란 당신이 원하지 않고 좋아하거나 찬성하지 않아도 저절로 나타나는 감정에 일정한 자리를 내어주는 것이다. 이는 기꺼이 감정을 느낄 의지를 갖는 것이고, 어떤 감정이든 상관없이 겉으로 드러난 모든 감정에 열린 자세를 취하고, 순응하고, 호기심을 갖고, 자리를 양보하는 것이다. 왜 그래야 하냐고 묻는다면, 바로 당신의 가치관에 부합하는 행동을 하기 위해서라고 하겠다. 불편한 감정을 느끼더라도 그것을 통제하고 없애려는 데 에너지를 낭비하지 않는다면 당신은 여전히 당신에게 중요한 가치에 따라 행동할 수 있을 것이다.

감정 받아들이기는 학대나 폭력, 불의와 같은 상황을 수용하는 것이 아니다. 이 같은 상황에서 나타나는 감정을 위해 공간을 마련하는 것이다. 의미 있는 변화를 가져오기 위해서 말이다. 반대로 두려움과 화를 밀어내는 일은 당신을 더욱 부정적인 상황으로 데려갈 것이다. 마음속으로는 고통받으면서도 일그러진 미소를 지으며 "다 괜찮아!"라고 말하고 다닌다면 엄청나게 괴로울 것이다. 그뿐 아니라 고통의 의미 즉, 이 상황이 당신에게 맞지 않다는 내면의 메시지를 짓뭉개는 행동이기도 하다.

고통스러운 감정을 위한 공간을 만들어 상황에 변화를 가져올 수 있도록 노력한다면 당신의 삶을 개선할 수 있고, 어쩌면 다른 이의 삶도 크게 개선할 수 있을 것이다. 만약 넬슨 만델라Nelson Mandela(흑인 인권 운동을 펼쳐 남아프리카 공화국의 인종격리 정책을 종결시켰다.-옮긴이), 로자 파크스Rosa Parks(백인 승객에게 자리를 양보하라는 버스 기사의 지시에 불복했고, 이를 계기로 미국 내 인권 운동의 상징적 인물이 되었다.-옮긴이), 에멀린 팽크허스트Emmeline Pankhurst(여성 참정권 운동을 이끌어 여성의 참정권 획득에 크게 기여했다.-옮긴이)가 자신들의 감정적 고통에 귀 기울이지 않았다면, 우리는 어떻게 될 뻔했는가?

모든 감정이 사라진 삶을 원하는가

당신의 감정을 통제가 필요한 성가신 존재라고 생각하는 대신 당신에게 진정으로 중요한 것이 무엇인지 알려주는 '현명한 인솔자'라고 여겨 보자. 당신이 느끼는 고통스러운 감정에는 항상 지혜 몇 방울이 들어 있다. 그것은 당신에게 중요한 것이 무엇인지 알려준다. 당신이 전혀 신경도 쓰지 않는 것들에 대해서 슬픔, 분노, 속상함과 같은 감정을 느끼지는 않을 테니까 말이다.

내가 호그와트 마법학교에서 상위권에 드는 아주 영리한 마법사로, 대단한 마법 주문을 알고 있다고 상상해 보라. 이 주문은 당신이 슬픔, 두려움, 불안, 짜증, 초조함과 같은 반갑지 않은 감정을 전혀 느끼지 못하게 할 수 있다.(헤르미온느 그레인저와도 비교 안 될 만큼 대단한 마법이 아닌가!) 그런데 이 마법의 반전은 바로 즐거움, 행복, 사랑, 만족감, 기쁨과 같이 당신이 좋아하는 감정 역시 전혀 느낄 수 없게 만든다는 것이다.

그렇다면 당신은 어떤 선택을 하겠는가? 대부분은 나의 신기한 마법 주문을 원하지 않는다고 말할 것이다. 모든 감정이 사라진 삶을 원하는 사람은 없을 테니까. 우리에게 정말 필요한 것은 감정을 더 잘 관리하는 방법이다. 우리 모두 각자가 원하는 방식대로 삶을 살아가는 데 감정이 방해가 되지 않도록 말이다.

감정과 싸우지 말고 빠져나갈 길을 찾자

감정과 씨름하는 대신 그 사이로 빠져나갈 방법을 터득하자. 감정에게 자리를 내어주는 방법을 다음과 같이 연습해 보자. 감정과 힘들게 싸우는 대신 감정을 다루는 방법을 알아보는 것이다. 매일 조금씩 시도하면 되고, 모든 순간에 모든 감정을 받아들여야 하는 것은 아님을 기억하자. 가끔은 머리 식히기와 회피도 필요하다. 하지만 매번 피하려고만 했던 감정이 있다면 그중 일부에게 공간을 내어주는 노력을 꾸준히 기울여 보자.

✅ 감정을 분리하기
고통스러운 감정을 통해서도 배움을 얻을 수 있다는 생각을 받아들이기는 쉽지 않을 것이다. 어쩌면 독자 중 몇몇은 이 부분을 읽으며 치를 떨지도 모르겠다. 바로 지금이 '생각과 분리하기' 기술을 발휘해야 할 때다. 당신의 마음이 '저는 당신이 말하는 대로 할 생각이 눈곱만큼도 없어요. 이 책을 쓴 사람이 말도 안 되는 소리를 하네.'라고 생각하는 것을 인지하자. 그러고는 당신을 보호하려는 마음의 노력에 충분히 감사하고, 계속 필요한 행동을 취하며 이 연습을 이어가라. 은근슬쩍 '나는 왜 이런 감정을 느끼는 거지?'라든가 '도대체 뭐가 잘못된 걸까?' 같은 생각이 떠오를지도 모른다. 그러면 다시 분리하기 기술을 활용해 마음의 소리에서 한 발짝 물러난 다음 계속해서 연습을 이어가자.

✅ 감정을 인지하기

감정은 우리 몸에서 느껴지기 때문에 이를 인지하는 것이 첫 번째 단계다. 당신이 감정을 신체의 어느 곳에서 느끼는지 알아채는 방법을 빠르게 살펴보자. 몇 분 정도면 금방 할 수 있는데, 원한다면 더 오래 해도 좋다. 목표는 휴식이 아니라 몸에서 어떤 감각을 느끼는지 확인하기 위함이라는 것을 기억하자.

- 눈을 감고 심호흡을 몇 번 한다.
- 의자에 앉은 후 몸의 감각과 바닥에 닿아 있는 양쪽 발의 감각을 인지한다.
- 숨을 들이쉬고 내쉬는 감각에 주목한다.
- 공기가 가슴을 통해 몸으로 들어오는 것을 인지하고, 숨을 마시고 내쉴 때마다 가슴이 팽창하고 수축하는 것을 느낀다.
- 이제 당신이 종종 회피해 왔던 감정을 인지할 수 있는지 살펴본다. 슬픔, 죄책감, 두려움, 불안 같은 감정 말이다. 지금 당장 느껴지는 감정이 없다면 최근에 원하지 않는 감정을 느꼈던 기억을 떠올려 보자. 기억을 되살려 그때 느꼈던 감정을 다시 느낄 수 있도록 한다.
- 머리부터 시작해서 목, 어깨, 가슴, 배, 팔, 다리, 그리고 발까지 점점 아래로 내려가면서 각 부위에서 어떤 감각이 느껴지는지, 어떤 느낌을 없애고 싶은 충동이 드는지 알아본다.

✅ 감정에 이름 붙이기

지금 느껴지는 감정은 어떤 감정인가? 다음 문장을 상황에 맞게 완성해서 말해 보자.

"나는 〔불안/좌절감/짜증〕의 감정을 인지하고 있다."

쉬워 보이는 일이지만, 사실 우리는 시간을 내어 스스로 어떤 감정을 느끼는지 인지하고 그 감정에 이름을 붙이는 일을 거의 하지 않는다. 감정에 이름을 붙이는 법을 배우는 것은 그런 습관이 없던 사람에게는 매우 강력한 경험이 될 수 있다.

특정 감정이 나타날 때 몸에서 어떤 느낌이 느껴지는지 그리고 그 느낌은 다른 감정들이 나타날 때의 느낌과 어떻게 다른지 알아보자. 슬픔은 당신에게 어떤 느낌인가? 지루함이나 불만과는 어떻게 다른가? 각기 다른 감정이 당신에게 어떤 느낌을 주는지 인지하자.

✅ 감각을 탐색하기

이제 역할극을 해 볼 시간이다. TV에서 본 것처럼 이상하고 어색한 방식의 역할극은 아니니 걱정하지 않아도 된다. 당신이 몸에서 느껴지는 여러 감각을 연구하는 과학자가 되었다고 상상해 보자. 나는 스스로를 큰 모자를 쓰고 그물 가방을 들고 다양한 사물들을 수집하는 에드워드 시대의 강인한 여성이라고 상상하곤 한다. 감정을 통해 나타나는 몸의 변화를 생전 처음 만났다고 간주하고, 다음의 질문을 해보자.

- 몸의 어느 곳에서 감각이 느껴지는가?
- 지금 느껴지는 감각 주위로 윤곽선을 그린다면 어떤 모양일까?
- 어떤 색인가?
- 어떤 질감인가?
- 온도가 느껴지는가? 뜨거운가, 차가운가?
- 몸의 표면 가까이에서 느껴지는가? 아니면 몸속 깊은 곳에서 느껴지는가?
- 움직이는가? 아니면 멈춰 있는가?

이외에도 다른 물리적인 성질이 있다면, 느껴지는 그대로 인지하자.

✅ 호흡하기

감정의 모든 성질을 인지하는 동안 특정 감정을 느끼고도 숨을 잘 쉴 수 있는지, 감정을 위한 공간을 만들고 그곳에 감정이 계속 존재하도록 허락할 수 있는지 다시 한번 확인하자. 다른 무언가를 더 하지 않아도 괜찮다. 그저 감정과 함께 존재할 수 있는지 알아보는 것이다.

✅ 하늘과 날씨 생각하기

이 연습에는 상상력이 필요하다. 당신이 하늘이고 감정은 날씨라고 상상해 보자.[11] 날씨는 가끔은 좋고 가끔은 흐리다. 날씨는 항상 변하지만 하늘은 언제나 날씨를 위한 공간을 내어줄 줄 안다. 그리고 날씨가 아무리 거센 폭풍을 몰고 와도 절대 하늘을 해칠 수는 없는 것처럼, 당신의 감정도 당신을 해칠 수 없다. 감정이 불편한가? 그렇다. 원하지 않는 감정인가? 그렇다. 요청하지 않은 것들인가? 그렇다. 그 자체로 유해한가? 아니다.

✅ 조심스럽게 감싸 안기

그동안은 반대로만 하다가 이제부터라도 감정에 공간을 내어주려고 시도하는 것은 만만치 않은 일이자, 대단히 강렬한 경험일 것이다. 그러니 스스로에게 친절을 베풀자. 괴로운 기억과 생각이 떠오른다면 이는 마땅히 예상할 수 있는 정상적인 반응이다. 이 고통스러운 경험들이 당신이 중요하게 생각하는 가치에 관해 어떤 메시지를 전하는지 파악하자. 그리고 감정을 조심스럽게 감싸 안도록 하자. 마치 연약한 나비나 울고 있는 아이를 살짝 안아 주듯 말이다.

✅ 감정은 바뀔 수도 바뀌지 않을 수도 있다

생각과 분리하기 연습의 효과와 마찬가지로, 감정을 받아들이는 연습의 긍정적인 효과는 감정으로 인한 불편한 경험들이 사라질 수 있다는 것이다. 물론 이 효과를 반가워하는 것은 좋지만, 매번 이와 같은 효과가 나타날 거라고 기대하거나 이것을 목표로 삼지는 말자. 그랬다가는 감정을 받아들이지 않는 이전의 자세로 돌아가기 쉽기 때문이다. 감정이 바뀌어도 괜찮고 바뀌지 않아도 괜찮다고 생각해야 한다.

충동의 파도를 서핑하는 법

감정은 때때로 우리에게 그것을 해결하기 위해 무엇이든 하고 싶은 충동을 느끼도록 한다. 대개는 우리가 처한 상황이나 경험을 바꾸고 싶어 하는 충동이다. 그리고 우리는 꽤 자주 충동에 굴복하여 대용량의 초콜릿을 몽땅 먹어버리고, 마티니를 석 잔째 마시고, 짜증 나는 사람에게 소리를 지르고, 인터넷 서핑을 하다가 귀여운 동물 영상을 하루 종일 돌려보곤 한다. 우리에게 중요한 다른 일을 하는 대신에 말이다. 이렇게 충동에 굴복했을 때 원하지 않는 감정이 사라지는 경험을 해본 우리는 계속해서 이것을 반복하려고 한다.

물론 이런 행동들이 가치 있는 삶을 사는 데 장기적으로 방해가 되지 않는다면 양껏 먹고, 잔뜩 마시고, 하루 내내 앉아서 이런저런 영상을 봐도 좋다. 하지만 모든 충동을 따르고 이와 같은 행동을 지속한다면 당신의 인생이 어딘가 순조롭게 흘러가지 않을 거라고 감히 예상할 수 있다.

우리는 충동에 쉽게 굴복한다. 그 이유는 충동에 굴복하지 않으면 고통이 마치 쓰나미처럼 우리를 집어삼킬 것 같고, 우리가 이를 감당할 수 없을 거라 생각하기 때문이다. 그러고는 고통을 없애기 위해 어떤 행동이든 하느라 쓰나미는 결국 오지 않으며, 충동의 파도는 그저 밀물과 썰물처럼 왔다 가며 해변에서 부서지느라 바쁠 뿐이라는 사실을 발견하지 못한다.

충동에 굴복하지 않고 효과적으로 관리하기 위한 전략은 '충동 서핑(Urge Surfing)'을 배우는 것이다. 충동 서핑이라는 용어는 1980년대에 중독에 관해 연구하던 두 명의 심리학자가 고안한 것이다.[12] 그들은 도움이 안 되는 충동들에 관해 잘 알았다. 그들은 충동을 억누르거나 부정하려고 애쓰는 대신 충동의 파도를 서핑하는 법을 배우면, 파도와 마찬가지로 충동이 자연적으로 커졌다 작아졌다를 반복한다는 사실을 이해할 수 있다고 제안했다. 꽤 괜찮은 방법 같지 않은가? 충동 서핑에는 앞에서 우리가 연습한 모든 기술을 적용할 수 있다. 바로 이렇게 하는 것이다.

- 당신의 몸에서 충동이 일어난 것을 인지한다. 어디에서 충동이 느껴지는가?
- 당신의 마음이 어떻게 움직이는지 인지한다. 충동에 굴복하라고 당신을 부추기는가? 아니면 당신이 충동을 주체할 수 없을 거라고 말하는가? 항복의 결과로 기분이 좋아질 당신의 모습을 떠올리게 하는가? 지난 장에서 배운 기술을 활용해 이와 같은 생각과 상상에서 분리되도록 하자.

- 충동에 이름을 붙인다. '나는 ~을 하고 싶은 충동을 느낀다.'라고 정의한다.
- 이제 심호흡을 하고 충동을 그대로 둔다. 충동을 조절하려고 억지로 시도하지 않는다.
- 충동의 파도가 오고 가는 것을 가만히 지켜본다. 충동은 커지기도 하고 작아지기도 한다.
- 당신이 느끼는 충동과 당신이 취하는 행동 사이에 공간이 생긴 것을 인지한다.
- 이제 당신은 어떻게 반응할지 선택할 수 있다. 당신의 가치관과 일치하는 선에서 어떤 행동들을 취할 수 있는지 스스로에게 질문한다.

삶의 가치를 기억하라

불편하고 불쾌한, 반갑지 않은 내면의 경험을 위해 공간을 내어주면 자신의 가치에 맞는 삶에 점차 가까워질 수 있다. 더는 재미 삼아 스스로를 감정에 무방비 상태로 노출하지 않는다. 스릴을 느끼고 싶다면 그보다 괜찮은 방법이 아주 많으니까 말이다. 감정을 받아들이면 얻을 수 있는 큰 선물 중 하나는 삶에서 당신에게 정말 중요한 것이 무엇인지 깨닫는 것이다. '생각 분리하기'와 '감정 받아들이기' 기술은 당신이 인생에서 정말 중요하게 생각하는 가치들을 발견할 때도 결정적인 역할을 할 것이다.

핵심 정리

당신이 어떤 감정을 느끼든 모두 괜찮다. 당신의 마음에 나타나는 감정이라면 무엇이든 말하지 못할 것은 없다. 몸으로 느껴지는 감각과 감정을 위해 공간을 만드는 법을 배웠다면 도움이 되지 않는 대처 방법들은 잊어도 된다. 당신은 이제 자신이 원하는 모습의 사람이 되고 원하는 삶을 사는 데 도움이 되는 행동을 취할 수 있다. 그뿐만 아니라 감정에 공간을 허락함으로써 새로운 지혜와 이해를 얻었다. 이 과정은 당신에게 큰 변화를 불러일으키는 힘을 가져다줄 것이다.

4장

관점을 갖는 법

내면세계의 관찰자가
되어야 한다

너 자신을 알라.

그리스 델포이에 있는 아폴로 신전의 비문

자신을 안다는 것은 자신을 둘러싼 세상에 관한 이해와 스스로에 관한 생각과 감정을 모두 합한 것 이상이다. 넓은 관점과 깊이 있는 자기 인식을 통해 진정으로 자기 자신을 알기 위해서는 다른 무언가가 더 필요하다. 이번 장에서는 좀더 심오한 개념을 다룰 것이므로, 그 전에 검정색 터틀넥 스웨터를 꺼내 입고, 에스프레소를 한잔하고, 가상의 골루아즈(궐련의 일종-옮긴이)를 한 대 꺼내 불을 붙여도 좋다.

✅ 시냇물에 띄운 나뭇잎

먼저 다음을 연습해 보자.[13]

- 편안한 자세를 취한 다음 눈을 감거나 시선을 한곳에 둔다.
- 당신이 잔잔하게 흐르는 시냇가에 앉았다고 상상해 보자. 시냇물에 둥둥 떠서 흘러가는 나뭇잎이 보인다.
- 다음 몇 분 동안 머릿속에 떠오르는 생각을 모두 나뭇잎에 하나씩 띄우고, 나뭇잎을 따라 흘러가게 둔다.
- 당신의 생각이 부정적이든 긍정적이든, 끔찍하든 아름답든 상관없다. 그저 나뭇잎에 띄워 흘려보낸다.
- 당신의 일부가 생각을 떠올리고, 그것을 나뭇잎에 올리고, 이 연습이 어떤지를 평가하고, 스스로 잘하고 있는지를 판단하기도 한다는 사실을 인지한다.
- 이렇게 생각을 떠올리고, 흘려보내고, 이 연습을 평가하는 당신의 일부를 당신의 또 다른 일부가 인지하고 있다는 사실도 인지한다.
- 이쯤에서 주의력이 조금 흐트러지는 것은 자연스러운 현상이다. 그렇게 되는 것을 깨달은 순간, 그 사실을 간단히 인지하고 연습으로 다시 돌아오면 된다.
- 주의가 흐트러진 자신을 인지하고 다시 주의를 집중할 수 있다는 사실도 인지한다.

● 또 다른 생각으로 다시 정신이 산만해질 수 있다. 이것
역시 자연스러운 현상이다. 생각이 계속해서 오고 가는
현상을 인지하고, 그 생각을 인지하는 당신의 일부가
항상 존재한다는 사실 역시 인지하면 된다.

자, 어땠는가? 시냇물에 띄운 나뭇잎 연습을 통해 많은 것을
인지해야 했다. 당신의 마음에 정말 많은 것들이 떠올랐을
것이다. 자기 자신에 대한 평가, 이 연습에 대한 감상, 오늘
할 일까지 포함해서 말이다. 이것은 당신의 '생각하는 자아'
가 일을 한 결과다. 자, 그러면 당신은 당신의 생각하는 자아
를 스스로 인지할 수 있다는 사실도 인지했는가? 너무 복잡
해서 설명하면서도 머리가 아픈데, 사실 아직 제대로 시작도
하지 않았다.

생각하는 자아를 인지하는 당신의 일부를 일상적으로 부
르는 이름은 따로 없지만, 여기서는 '관찰하는 자아'라고 부
르기로 하자. 당신은 아마 이 자아를 좋아하게 될 것이다. 지
금부터는 '생각하는 자아'와 '관찰하는 자아'에 관해 자세히
살펴보도록 하자.[14]

생각하는 자아란 무엇인가

'생각하는 자아'는 당신이 자신과 다른 사람들 그리고 세상에 대해 갖는 모든 생각, 상상, 기억, 감정, 신체 감각들로 만들어진다. 앞서 배웠듯이 생각할 수 있는 능력은 물론 중요하지만, 생각에 지나치게 얽매이는 것이 항상 좋은 것은 아니다. 생각하는 자아는 마치 24시 뉴스의 화면 하단에서 늘 볼 수 있는, 모든 뉴스가 속보라고 알리는 자막과도 같다. 우리의 마음속에서도 생각과 장면들이 끊임없이 재생되며 비슷한 상황이 연출된다. 당신은 아마 생각하는 자아의 관점으로 세상과 교류하며 대부분의 시간을 보낼 것이다. 생각하는 자아가 당신에게 하는 말에 거의 항상 사로잡힌 상태로 말이다.

관찰하는 자아란 무엇인가

이제 더 심오한 개념이 등장한다. 당신의 마음이 무언가에 관해 생각, 판단, 평가, 회상, 상상, 사고를 할 때 이 모든 것을 인지하는 또 다른 자아가 있다. 이 자아는 당신이 자신의 생각을 인지한다는 사실을 인지할 수 있고, 당신이 보고 듣는 것들도 인지할 수 있다. 시냇물에 띄운 나뭇잎 연습에서 알 수 있었던 것처럼 말이다. 또 당신이 지금 이 글을 읽고 있다는 사실도 인지할 수 있다. '관찰하는 자아'는 이 문장을 읽는 바로 지금 이 순간 존재한다. 이 책을 읽으며 당신은 '이 책이 너무 좋아.'라고 생각할 수도 있고, '이거 완전 돈 낭비잖아. 차라리 감자칩이나 사 먹을 걸 그랬어.'라고 생각할 수도 있다. 그러는 동안 당신의 관찰하는 자아는 여기서 당신이 읽고 생각하는 것을 지켜보고 있다.

어쩌면 당신은 이 문장을 읽으면서 주의력이 흐트러지는 자신의 모습을 인지했을지도 모르겠다. 세탁기를 돌려야 한다는 사실이 문득 생각났을 수도 있고, 토마토소스 통조림을 좀 더 사서 쟁여야 할지 고민할 수도 있다. 그리고 당신은 잠깐 집중력이 흐트러졌다는 것을 알아채고는 다시 책을 읽기 위해 정신을 집중했을 것이다.(그랬기를 바라지만 그러지 않고 빨랫감을 흰옷과 색깔 있는 옷으로 분류하러 갔을지도 모르겠다). 방금 그건 당신의 관찰하는 자아가 한 일이다.

자아에 관해 아는 것은 자기 인식과 관점을 더 깊이 발전시키는 핵심이다. 생각하는 자아가 만들어 내는 관점을 넘어서면 더 깊은 관점, 바로 궁극의 '빅 픽처Big Picture'를 가질 수 있다. 나는 나의 또 다른 자아에 관해 처음 알게 되었을 때, 머릿속에서 마음이라는 창을 통해 나를 빤히 바라보는 스토커가 있는 것 같다고 느꼈다. 혹은 인생의 모르도르(영화〈반지의 제왕〉에서 주인공 프로도가 절대반지를 파괴하기 위해 향하는 죽음의 땅 – 옮긴이)로 가는 길에 나를 지켜보는 사우론(모르도르를 거점으로 삼는 암흑의 군주 – 옮긴이)의 눈 같다고도 생각했다. 하지만 이 개념에 익숙해지고 나면, 스스로 내면세계의 관찰자가 되는 것이 좀더 넓은 관점을 갖기 위해 사용할 수 있는 매우 강력한 도구란 사실을 깨달을 수 있을 것이다.

당신은 도대체 누구인가

당신에 관해 설명해 달라는 질문에 당신은 '나는~'으로 시작하는 문장을 연속으로 말할 것이다. 나는 부모이다, 나는 의사다, 나는 언니다, 나는 정리를 잘한다, 나는 조금 느린 편이다, 나는 친절하다, 나는 과체중이다, 나는 건강하다, 나는 낯을 가린다 등.

이처럼 자기 자신에 관해 설명할 수 있다는 점과 자신이 가진 역할들의 이름을 아는 것은 매우 중요하다. 바로 이것이 우리에게 일관성을 부여하기 때문이다. 문제는 마치 어딘가 불안한 것처럼 이 이름을 너무 꽉 부여잡는 것이다. 우리가 가진 역할들을 우리는 항상 수행할 수도, 항상 수행하지 않을 수도 있다. 그런데 오직 역할로만 스스로를 정의한다면 역할을 수행하지 않는 순간들은 어떻게 감당할 수 있을 것인가? 긍정적이든 부정적이든 상관없이 스스로에게 부여한 역할들에만 철저하게 붙잡혀 있다면 과연 자신의 가치관에 맞는 의미 있는 삶을 살아갈 수 있을까?

물론, 앞에서 알려준 방법에 따라 생각과 분리되고 감정을 받아들일 수는 있을 것이다. 하지만 관찰하는 자아의 관점에서 세상과 교류하는 것이 마음의 안정을 찾고 인생의 난제들에 효과적으로 대처할 수 있는 더 강력한 방법이다.

3장에서 이야기한 내용 중에서 '당신의 생각과 감정은 날씨와 같다'는 문장을 다시 떠올려 보자. 당신은 어떤 경험으로도 해를 입을 수 없는 하늘이다. 하늘이 바로 당신의 '관찰하는 자아'다. 항상 그 자리에 존재하며 안정적이고 쉽게 변하지 않는다. 놀라운 사실은 트라우마를 일으킬 만큼 충격적인 경험을 한 많은 이들 또한 이 자아에 관해 이야기한다는 점이다. 그들은 신체적으로, 정신적으로 큰 상처를 입었지만, 그들의 내면에는 그런 경험들로 결코 손상될 수 없는 영역이 존재하는 것 같다고 말한다.

게임의 말이 아닌 보드 자체가 돼라

생각하는 자아와 관찰하는 자아에 관해 더 잘 이해하기 위해 당신이 체스 게임에 참여했다고 상상해 보자.[15] 당신이 가진 부정적인 생각과 감정들은 검은 말이고, 긍정적인 생각과 감정들은 흰 말이라고 하자. 부정적인 생각이나 감정이 떠오르며 '나는 패배자야. 불안해. 실패했어.'라고 속삭일 때마다 당신은 노련하게 흰 말을 움직여 '그렇지 않아. 나는 사실 아주 괜찮은 사람이야.'라고 방어한다. 그러면 얼마 동안은 그런대로 괜찮을 것이다. 하지만 문제는 당신이 긍정의 흰 말을 움직일 때마다 당신의 마음이 곧바로 부정의 검은 말을 함께 움직인다는 것이다. 왜냐하면 마음이 하는 일이 원래 그렇기 때문이다. 그러니까 당신은 흰 말로 검은 말과 싸우고, 검은 말로 흰 말과 싸우기를 반복한다. 더 큰 문제는 이 게임이 절대 끝나지 않는다는 것이다. 말의 개수는 무한대로 있고, 체스 보드는 모든 방향으로 영원히 늘어난다. 물론 당신이 의도한 것은 아닐 테다. 당신은 그저 즐거운 체스 한판을 원했을 뿐인데, 이렇게 수확 없이 진만 빠지는 끝없는 싸움을 하느라 점심 먹을 시간까지 날릴 판이다.

그랜드마스터(국제 체스 연맹에서 최상위 체스 선수에게 부여하는 칭호-옮긴이)가 되어 부정적인 생각의 허를 찌르려고 하기보다는 자신이 게임의 참여자가 아니라 게임 보드 자체가 되었다고 생각해 보자. 생각과 감정이 당신 위를 지나가도록 두고, 그 싸움에 말려들지 않아도 된다. 당신은 체스판이다. 안정적이고 단단한. 체스판은 경기를 주최할 수도 있고 동시에 관찰할 수도 있다. 체스판이 된 당신은 말들이 각자 할 일을 하는 동안 자신의 삶에서 더 중요하고 의미 있는 다른 일들을 찾을 수 있다.

✅ 관찰하는 자아와 친해지기

관찰하는 자아와 친해지는 좋은 방법이 있다.[16] 여기서 X는 당신의 생각, 기분, 감정, 감각, 충동, 신체 그리고 인생에서 당신이 수행하는 모든 역할이다. 하루에 한두 번씩 연습해 보자.

1. X를 인지한다.

2. X가 있고, 당신은 X를 인지하고 있다.

3. X를 인지할 수 있으면 당신은 X가 아니다.

4. X는 유동적이다. 끊임없이 변한다. 하지만 X를 인지하는 당신의 일부는 변하지 않는다.

여기서 핵심은 당신의 내면세계는 항상 변화하고, 반면에 그 모든 것을 인지하는 당신의 일부는 절대 변하지 않는다는 것이다. 그리고 당신이 그 모든 것을 인지할 수 있다면, 당신은 그것이 될 수 없다. 당신은 X와 별개다.

✅ 지속적인 자아

이 연습은 세 단계로 이루어져 있다.[17] 끝까지 해보면 정말 강렬한 경험이 될 것이다. 오른쪽의 설명을 먼저 읽고 난 다음 도전해 보자.

- 눈을 감고 호흡에 집중한다. 숨이 코를 통해 몸으로 들어오는 감각을 느끼자. 공기가 폐 안으로 들어갔다가 다시 그대로 나온다. 몇 분 정도 이 방법으로 호흡한다.

- 준비가 됐다고 느끼면 어린 시절의 고통스러웠던 기억을 떠올려 본다(다만, 트라우마를 일으킬 정도의 끔찍한 기억은 아니어야 한다). 친구에게 거절당한 느낌을 받았던 경험이나 소외당했다고 느낀 기억이 될 수도 있다. 이 기억 속에서 어린 자신에게 무엇이 보이고 어떤 소리가 들리는지 되돌려 보자. 당신의 마음속에 어떤 일이 일어나는가? 어떤 생각과 걱정이 존재하는가? 당신의 몸은 어떤 감각을 느끼는가? 어떤 감정이 느껴지는가?

- 생각, 감각, 감정을 모두 인지할 수 있다면 당신은 그 모든 것이 될 수 없다.

- 생각, 시각, 청각, 감정, 몸의 감각은 모두 바뀌고 변하는데, 그 모든 것을 인지하는 당신은 변하지 않는다. 항상 똑같았고, 항상 거기에 있었다.

- 이제 어린 당신의 두 눈 뒤에 당신을 관찰하는 누군가가 있다는 것을 인지한다. 그리고 자신이 직접 그 관찰

자가 되어 보는 것이다. 당신은 어린 당신의 고통과 괴로움에 관해 어떤 말을 해주겠는가?

- 이제 마음속에 또 다른 고통스러운 기억을 떠올린다. 비교적 최근에 일어난 일을 떠올려 보자. 어린 당신을 관찰했던 것처럼 당신의 마음속에 어떤 일이 일어나는지 관찰하고 인지하자. 어떤 감정이 드는가? 감정이 몸의 어느 부분에서 느껴지는가? 무엇이 보이고 어떤 소리가 들리는가?

- 이 모든 생각과 감각, 감정들을 인지할 수 있다면 당신은 그 모든 것들이 될 수 없다.

- 생각, 시각, 청각, 감정, 몸의 감각들은 모두 바뀌고 변하는데, 그 모든 것을 인지하는 당신은 변하지 않는다. 항상 똑같고, 항상 거기에 있다.

- 이제 당신의 두 눈 뒤에 당신을 관찰하는 누군가가 있다는 것을 인지한다. 직접 관찰자가 되어 보자. 당신은 과거의 당신이 느끼는 고통과 괴로움에 관해 어떤 말을 해주겠는가?

- 이번엔 지금 당신의 마음에 어떤 일이 일어나는지 알아 보자. 어떤 감정을 느끼고 몸의 어떤 부분에서 감정이 느껴지는지 인지한다. 이 순간 당신에겐 무엇이 보이고 어떤 소리가 들리는가?

- 이 모든 생각, 감각, 감정을 인지할 수 있다면 당신은 이 모든 것들 자체가 될 수 없다.

- 생각, 시각, 청각, 감정, 몸의 감각은 바뀌고 변하는데, 그 모든 것을 인지하는 당신은 항상 똑같았고, 항상 거 기에 있었고, 앞으로도 그럴 것이다.

- 지금도 당신의 두 눈 뒤에 누군가가 있다는 것을 인지 할 수 있는가? 직접 관찰자가 되어 보자. 관찰자는 어 린 시절의 당신, 가까운 과거의 당신과 함께 있었고, 현 재의 당신과 함께이며 미래의 당신과도 함께일 것이다.

- 지금의 당신은 당신이 느끼는 감정에 관해 스스로에게 어떤 말을 해주고 싶은가?

자, 어땠는가? 이상했는가? 강렬했는가? 처음 시도했을 때 는 나도 당신처럼 느꼈다. 하지만 이제 이 연습은 내가 스스로를 이해하기 위해 활용하는 매우 중요한 방법 중 하나가 되었다. 또한 편안하고 안정적인 자아가 항상 나와 함께할 것이라는 생각이 큰 위안이 되었다. 처음에 미리 예고한 것처럼 정말 심오한 이야기가 아닌가.

핵심 정리

당신의 깊은 곳에 있는 자아와 마주한다면 비로소 스스로에게 부여하는 역할과 이름들 그 이상으로 자신을 이해할 수 있다. 그러면 마음이 만들어 내는 이야기의 영향에서 벗어나 온전히 나로서 존재할 공간을 찾을 수 있고, 나에게 정말 중요한 가치들에 집중할 수 있다. 안전하고 안정적인 자아를 만났다면, 이제 자유롭게 활용할 수 있는 막강한 자산을 얻은 셈이다.

5장

현재에 집중하는 법

지금 이 순간
여기에 존재하라

현재에 집중할 수 있는 능력은 정신 건강의 주요 요소이다.

에이브러햄 매슬로Abraham Maslow, 미국의 심리학자이자 법학자

지금 이런저런 생각들로 마음이 복잡한 사람은 손을 들어 보자. 아마 대부분 손을 들 것이다. 거기 뒤에 숨어 있는 당신도 포함해서 말이다. 우리의 마음은 가만히 있질 못하고 쉴 새 없이 들썩거리는, 이제 막 걸음마를 배우는 단계의 아이와 같다. 과거를 되짚거나 최악의 미래를 상상하며 마음은 끊임없이 요동친다. 그러니 마음이 현재에 존재하는 순간은 거의 없다고 해도 맞을 것이다. 모든 행동이 일어나는 시점은 바로 현재인데도 말이다. 따라서 지금 이 순간 바로 여기에 집중할 수 있게 도와주는 기술을 익힌다면 삶을 더 만족스럽고 효과적으로 살아갈 수 있을 것이다.

당신은 어디에 존재하는가

인간은 현재에 집중하기를 좋아하지 않는다. 하버드대의 연구에 따르면, 우리는 하루 중 47퍼센트의 시간을 지금 일어나지 않는 일들, 즉 과거에 일어났거나 미래에 일어날 수도 혹은 일어나지 않을 수도 있는 일들을 생각하는 데 쓴다.[18] 이 논문의 저자들은 연구 결과를 통해 딴생각을 하는 시간이 인간의 행복을 예측하는 아주 좋은 지표가 될 수 있다는 것을 발견하고 다음과 같이 말했다.

"지금 우리가 바쁘게 실천하는 행동보다는 우리의 마음이 얼마나 자주 현재를 떠나는지, 그리고 현재를 떠나 어디로 향하는지가 우리의 행복을 예측하는 더 확실한 지표가 될 수 있다."

지금 당신은 세상에서 가장 중요한 활동을 하고 있을지도 모른다. 사파리의 물웅덩이 근처에서 저 멀리 보이는 얼룩말을 관찰하거나, 무대 위에서 피아노를 연주하거나, 오스카상을 받는 중일지도 모른다. 하지만 현재에 집중하지 않는다면 어떤 대단한 활동이라도 제대로 즐길 수 없다. 당연한 소리가 아니겠는가. 우리는 정말이지 현재에 잘 집중하지 않는 종족들이다. 과거에서 미래까지 마치 핀볼 게임의 공처럼 '핑' 소리를 내며 왔다 갔다하고, 무작위로 나타나는 생각과 감정에 휘둘리며 인생은 통제 불능이라고 느낀다.

당신의 마음이 닥터 후Doctor Who(동명의 BBC 인기 SF 드라마 주인공으로 시간 여행 능력이 있다. - 옮긴이)보다 더 뛰어난 시간 여행 능력을 가졌다는 점, 그리고 남들과 자신을 비교하고, 평가하고, 판단하는 능력을 가졌다는 점은 모두 당신이 인간이기 때문이다. 다른 동물들은 이웃집의 토끼굴이 더 나은지 고민하는 데 시간을 허비하지 않는다. 최근 토끼굴 시장에 있었던 불황을 걱정하거나, 굴을 확장하기로 한 결정이 정말 그럴 만한 가치가 있었는지 고민하지도 않는다. 아랫집 둥지에 누가 새로 이사왔는지 궁금해 하지도 않는다. 이 같은 고민과 생각을 반복적으로 할 수 있는 인간의 능력이 바로 인생에서 불만족을 느끼는 이유로 이어진다.

✅ 정신적 되새김질

되새기기 혹은 되새김질이란, 소들이 이미 섭취한 것을 역류시켜서 계속 더 씹는 행위를 말한다. 소들은 처음 섭취할 때보다 되새김질을 할 때 더 오랜 시간 여물을 씹는다고 한다. 같은 일을 여러 번 생각하며 지나치게 오래 과거에 머무는 행태는 일종의 '정신적 되새김질' 혹은 '뇌의 되새기기'라고 할 수 있다. 우리는 말 그대로 과거의 사건, 상처, 부당한 경험을 몇 번이고 반복적으로 게워내서 여러 번 되새기고 또 되새긴다. 물론 이것도 어느 정도는 자연스러운 현상이다. 우리는 어떤 일이 일어난 건지 이해하려는 노력을 통해 그 일 때문에 받는 고통을 통제하려고 하기 때문이다.

만약 친한 친구가 당신에게 불친절하게 대했다면 당신은 얼마간 이 일을 곰곰이 돌이켜 볼 것이다. 당신이 자신의 물건을 얼마나 아끼는지 잘 아는 동료가 머그컵을 자꾸 허락 없이 쓴다면 당신은 이 일을 마땅히 곱씹을 것이다. 하지만 되새기기를 과도하게 반복한다면 현재의 중요한 순간에 집중하지 못하고, 정신적으로 그리고 신체적으로 더 큰 스트레스를 느낄 수밖에 없다.

🗹 미래에 대한 걱정

과거를 되새기고 있지 않다면 아마 당신은 미래를 걱정하며 최악의 결과를 상상하는 중일지도 모른다. 다시 말하지만, 미래를 생각하고 계획하는 능력은 사람만 가진 특별한 능력이다. 걱정은 약간만 할 때는 도움이 된다. 암에 걸릴까 걱정하며 건강 검진을 자주 받는다면(암에 걸릴지도 모른다는 걱정이 건강 검진으로 이어진다면) 아주 좋다. 그건 유익한 걱정이다. 하지만 너무 걱정이 큰 나머지 검사를 받으러 병원에 가지조차 못한다면 당신에게 도움이 되는 걱정이 전혀 아니다.

걱정은 교묘하고 엉큼한 성질이 있어서 종종 문제 해결이나 계획을 위한 도구로 위장하기도 한다. 때로는 당신에게 옆걸음질로 슬그머니 다가와서는 삶을 좀더 쉽게 만들어 주겠다고 약속한다. 술을 마시는 것과 마찬가지로 걱정도 책임감 있게 적당히 해야 한다는 것을 기억하자.

✅ 자동 조종 모드

머리가 복잡하고 마음이 갈피를 못 잡고 헤맬 때면 자동 조종 모드에 불이 들어온다. '자동 조종 모드'는 우리가 별다른 의식이나 생각, 노력을 들이지 않고도 빠르고 효율적으로 행동할 수 있도록 하기 때문에 때로는 매우 유용할 수도 있다. 아침에 일어나기, 샤워하기, 커피 내리기와 같은 일들은 대단한 의식 없이도 할 수 있고, 진지하게 일과를 되짚는 과정도 필요하지 않다. 문제는 우리가 인생의 너무 많은 부분을 자동 조종 모드에 의지한 나머지, 생각을 전혀 하지 않는 '마음놓침(Mindlessness)'의 상태에 빠지는 데 있다. 아래는 그 예시들이다.

- 방금까지 책을 읽고도 내가 읽은 내용이 무엇인지 기억하지 못한다. (설마 지금 당신에게 일어나는 일인가?)
- TV를 틀어 놓고 핸드폰으로는 정처 없이 뉴스 기사와 페이스북, 트위터, 인스타그램을 훑어보고 있다.
- 밥을 먹을 때 아무런 생각 없이 그저 음식을 입에 쓸어넣는다. 맛이나 식감도 의식하지 않은 채로.
- 상대방의 말에 주의를 집중하지 못한다.
- 반갑지 않은 생각과 감정들을 인지하거나 열린 마음으로 대할 능력이 없는 상태다.

모든 순간에 마음이 자동 조종 모드로 작동하도록 허락한다면 당신은 결코 만족스러운 삶을 살 수 없을 것이다. 인생의 매 순간을 온전히 느끼며 살고 싶다면 자동 조종 모드를 지금보다 비활성화하고, 직접 의식을 조종하도록 노력하자.

마법이 시작되는 순간은 바로 지금이다

미래 걱정하기와 과거 되새기기는 시간 여행을 하는 우리의
마음, 마음놓침 상태를 야기하는 자동 조종 모드와 공모하여
우리를 현재의 순간과 제대로 만나지 못하도록 방해한다. 이
건 매우 애석한 일이다. 왜냐하면 현재가 바로 모든 마법이
시작되는 순간이기 때문이다. 인생을 바꾸는 행동들은 바로
지금 현재에 일어나지, 과거나 미래에 일어나지 않는다.

우리의 마음과 몸에서, 그리고 주변에서 일어나는 일들을
순간순간 인지하려 노력한다면 긍정적인 순간이든 부정적인
순간이든 상관없이 모든 순간을 충분히 감상하고 즐길 수 있
게 된다.

마음챙김이란 무엇인가

당신은 이 책을 읽다가 '마음챙김(Mindfulness)'이 언제쯤 언
급될지 궁금해 할지도 모르겠다. 그 이유는 짐작할 만하다.
요즘 다양한 매체를 통해 많은 이들이 스트레스와 연관하여

마음챙김을 이야기하기 때문이다. 이것은 바람직한 현상이다. 마음챙김이 스트레스를 줄이는 데 강력한 효과가 있다는 것은 이미 여러 연구를 통해 입증되었다. 문제는 마음챙김에 관한 근거 없는 소문과 잘못된 인식이 많다는 것이다. 지금부터는 마음챙김에 관해 하나씩 알아보자.

✅ 마음챙김이 스트레스를 줄인다

마음챙김을 서구 문화에 처음 소개한 인물로 널리 알려진 존 카밧-진Jon Kabat-Zinn(미국 메사추세츠대학교 의과대학의 명예교수로 스트레스 감소 클리닉(Stress Reduction Clinic)과 마음챙김 센터의 창시자이다.-옮긴이)은 마음챙김을 '의도를 가지고 편견 없이 현재의 순간에 정신을 집중하는 것에서 오는 깨달음'이라고 정의한다.[19] 의도적으로 정신을 집중하지 않고, 현재에 잘 머물지 못하고, 보이는 모든 것을 판단하는 일이 주된 취미인 우리의 마음에게는 이것이 정말 쉽지 않은 일일 것이다. 하지만 좋은 소식도 있다. 마음챙김을 반복해서 연습한다면 현재에 집중할 수 있으며, 스트레스도 크게 줄일 수 있다는 점이다.

✅ 마음챙김의 목적

마음챙김은 종종 본래의 정의에서 크게 벗어난 방식으로 행해지기도 한다. 마음챙김은 휴식하거나 머리 식히기, 긍정적인 생각하기가 아니며 생각을 단속하는 방법도 아니다. 휴식은 마음챙김을 실천할 때 항상 수반되는 것은 아니기 때문에 마음챙김의 목적이 아니라 뜻밖의 훌륭한 부수 효과라고 여기는 것이 좋다.

마음챙김의 목적은 단순히 당신의 내부와 외부 세계에서 일어나는 일들을 호기심과 열린 마음, 판단하지 않는 자세로 인지하는 것이다. 그리고 이를 통해 더욱 효율적으로 삶을 살아가는 것이다. 앞에서 언급한 생각과 분리하기, 감정 받아들이기, 관점 가지기의 기술들과 매우 비슷하게 들린다면 당신의 주의력에 높은 점수를 주겠다. 그 모든 과정들에 마음챙김이 내재되어 있다.

그렇다면 막연하기만 한 현재의 순간을 대체 어떻게 만난다는 것인가? 그 해답은 마음챙김에 기반을 둔 기술들을 연습하고 개발하는 것이다. 지금부터는 마음챙김을 시작하는 방법을 알아보자.

마음챙김을 시작하는 방법

✅ 호흡에 집중하기

호흡에 집중하기는 마음챙김을 시작하기에 가장 쉽고 간단한 방법이다.

- 양발을 바닥에 붙이고 등을 곧게 펴고 앉아서 눈은 감거나 한곳을 응시한다.
- 마음을 호흡에 집중한다.
- 호기심을 갖고 호흡의 감각을 인지한다. 코를 통해 공기가 들어오고, 폐를 통해 공기가 몸 아래로 내려가는 감각을 인지한다. 이어서 호흡을 내뱉는 감각을 인지한다. 계속 호흡하며 가슴과 어깨가 올라갔다 내려가는 감각을 인지한다.
- 이 과정에서 당신의 마음은 자꾸만 다른 곳을 헤맬 것이다. 하지만 그 사실을 인지하고 다시 정신을 호흡에 집중하면 된다.

매일 몇 분간 이 연습을 꾸준히 해보자. 또한 이 연습이 회피나 머리 식히기, 휴식의 수단이 아님을 기억하자. 이 연습의 목적은 인지를 훈련하고, 떠도는 마음을 계속해서 현재로 다시 돌아오게 하는 능력을 키우면서 주의력과 집중력을 강화하는 것이다.

✅ 마음의 닻 내리기

지금 당신이 여러 감정의 소용돌이를 경험하고 있다면 이 방법이 좋은 해답이 될 것이다.[20] 이 연습은 마음의 안정을 찾는 것과 동시에 자동 조종 모드에 무조건 의지하는 대신 다른 가치 있는 행동을 취할 수 있게 돕는다.

- 양발을 바닥에 단단히 고정시킨다.
- 의자의 앞쪽으로 움직여서 앉고, 등을 곧게 편다.
- 양손을 맞대고, 팔꿈치를 움직이고, 어깨를 움직인다. 손가락부터 날개뼈까지 양팔이 움직이는 것을 느낀다.
- 당신이 여러 감정으로 힘들고 고통스럽다는 것을 인지한다. 고통을 느끼는 와중에도 당신의 의지대로 움직이고 통제할 수 있는 신체가 있다는 사실 또한 인지한다. 손, 발, 등을 포함한 몸 전체의 감각을 인지한다.

- 방을 잠시 둘러보며 눈에 보이는 다섯 가지 사물을 인지한다.
- 귀에 들리는 서너 가지 소리를 인지한다.
- 당신을 힘들게 하는 어떤 고통스러운 실체가 있다는 것을 인지한다.
- 당신이 통제할 수 있는, 의자에 앉은 당신의 몸을 인지한다.
- 여기에 고통의 감정들이 존재하고, 또 당신도 존재한다는 것을 인지한다.

당신이 고통스러운 감정의 폭풍에 휩싸일 때, 현재의 순간에 집중할 수 있을 때까지 이 연습을 여러 번 반복하기를 권한다. 이 연습의 목적 역시 당신을 기분 나쁘게 만드는 그 무언가를 사라지게 하기 위함이 아니라, 어떤 감정을 느끼든 그 감정과 함께 현재에 존재하고 그럼에도 필요한 행동을 취하기 위함이다. 당신이 습관적으로 고통스러운 감정과 생각들을 통제하고 회피하고 처리하고 없애려고(CAGE) 시도했다면, 감정과 생각을 인지하고 그것들을 위한 공간을 만들기에 이 연습이 좋은 시도가 될 수 있다.

이 책을 마음챙김하기

지금부터는 재미있는 방식의 마음챙김을 시도해 보자. 이 책을 손에 든 김에 이것을 주제로 마음챙김을 연습해 보는 것이다. 다른 도구가 필요 없으니 가성비 면에서는 최고가 아닌가.

- 먼저 손에 든 책의 무게를 인지한다.
- 이 책을 계속해서 읽고 싶은 당신의 욕구를 인지한다. 혹은 가까운 휴지통에 던져 넣고 싶은 당신의 욕구를 인지한다.
- 호기심을 갖고 책을 바라보며 책의 색깔과 질감을 인지하고, 혼자만의 공간에 있다면 냄새까지 인지해 보자. (공공장소에 있다면 책의 냄새를 맡는 것이 사회적으로 용인되는 행동인지는 당신의 판단에 맡기겠다.)
- 당신의 마음에 나타나는 이 책이나 이 연습에 관한 생각을 인지하되 그 생각들이 흘러가는 대로 두고, 책에 다시 정신을 집중한다.
- 몇 분간 연습을 지속한다. 그동안 당신의 생각을 인지

하고 호기심을 갖고 관찰하면서 말이다. 다른 생각이
든다면 다시 정신을 집중하면 된다.

음악을 통한 마음챙김

음악을 통한 마음챙김은 주의력을 탄력적으로 전환하는 방
법을 배울 수 있는 훈련이다.[21)]

- 좋아하는 노래를 한 곡 튼다. 어떤 곡이든 상관없으며,
  그저 여러 악기의 소리가 담긴 음악이면 된다.
- 1분 간격으로 타이머가 울리도록 설정한다.
- 모든 악기의 소리에 집중하는 것으로 시작해서 한 가지
  악기의 소리에 집중하는 것으로 주의를 전환해 보자.
- 1분이 지나면 또 다른 악기 소리에 집중한다.
- 마지막에는 다시 모든 악기 소리에 집중하는 것으로 돌
  아간다.
- 이 과정을 두세 번 반복한다.

5, 4, 3, 2, 1 연습법

이 연습은 내가 원고를 집필해야 하는데 자꾸만 다른 생각이 들 때, 한 해 동안 왜 아무런 결과물도 내지 못했는지에 대해 출판사와 에이전시에 변명할 거리를 만드느라 정신없을 때, 최대한 집중력을 기를 수 있게 도와준 연습이다. 현재에 집중하게 하고, 과거 되새기기의 굴레에서 빠져나와 빨리 '해야 할 일'에 정신을 집중할 수 있도록 돕는 훈련이다.

- 할 일을 하기 위해 자리에 앉는다.
- 과거를 생각하거나 미래를 걱정하느라 정신이 팔린다.
- 간혹 그 과정을 즐길 수도 있지만, 99퍼센트의 확률로 마음이 실패 / 빈곤 / 거절 / 죽음으로 끝나는, 파멸을 예고하는 수많은 시나리오 사이를 배회한다.
- 마음이 배회한다는 사실을 인지하고, 이것은 할 일을 끝내는 데 도움이 되지 않는다는 것을 명확히 인지한다.
- 마음챙김을 실천하고 현재의 순간과 마주한다.
- 심호흡한다.
- 주변을 둘러본다.

- 눈에 보이는 다섯 가지를 찾아 소리 내어 말한다.
- 귀에 들리는 네 가지를 찾아 소리 내어 말한다.
- 만질 수 있는 세 가지를 찾아 소리 내어 말한다.
- 냄새를 맡을 수 있는 두 가지를 찾아 소리 내어 말한다.
- 맛볼 수 있는 한 가지를 찾아 소리 내어 말한다.
- 다시 정신을 가다듬고 할 일로 돌아온다.

마음이 평소보다 더 많이 방황하는 날에는 이 연습을 여러 번 반복해야 할지도 모른다. 하지만 계속해서 더 많이 연습할수록 의식이 빠르게 제자리로 돌아오고, 해야 할 일에 집중할 수 있다는 사실을 경험할 것이다.

마음챙김 듣기

주변 사람들과의 관계를 개선하고 싶다면 '마음챙김 듣기'의 기술을 연습하자. 누군가가 당신의 말을 진심으로 경청한다고 느낀 적이 있다면 그 느낌이 얼마나 강력한지 이해할 것이다. 상대방이 무슨 말을 하는지 이해하고 공감하려면 온전히 현재에 존재해야 한다. 누군가가 말을 할 때 휴대전화에서 시선을 떼야 하는 것은 당연하고, 상대방이 하는 말에 완전히 집중해야 한다. 일상적인 대화에서 우리는 정감 어린 농담도 많이 주고받기 때문에 모든 순간에 집중해야 한다는 의미는 아니지만, 현재에 집중하는 것이 중요한 순간들이 분명히 있다. 다음의 몇 가지 유용한 조언을 참고하자.

- 상대방의 말에 진심으로 호기심을 갖는다. 상대방이 무슨 말을 할지 이미 안다고 생각하거나, 상대방의 말을 가로채지 않는다.
- 자신의 생각을 인지하면서도 현재에 집중하려고 노력한다. 당신이 현재에 집중하겠다는 의도가 있어도 당신의 마음은 어느 순간 다른 생각들로 가득 찰지 모른다. 머리에는 여러 생각과 의견, 판단이 떠오를 것이다. "내가 ~했을 때와 같은 경우구나." "어떤 기분인지 알아. 왜냐하면 나도 ~했으니까."와 같이 거드는 말을 너무 자주 하면 상대방의 말에 진심으로 집중할 수 없다. 당신의 생각을 인지하되, 그 생각을 라디오에서 흘러나오는 배경음악과 같다고 여겨 보자. 생각은 그곳에 존재

하지만, 당신의 정신은 지금 이곳에 집중할 수 있다.

- 대화의 내용을 되새긴다. 이상하다고 생각할 수도 있지만, 이렇게 하면 상대방은 당신이 경청했다는 느낌을 받을 수 있을 것이다. 상대방에게 들은 내용을 요약해 당신의 언어로 정리하는 것이다. "내가 듣기로 네가 한 말은⋯."과 같이 말해 보자.

- 정리한 내용이 정확한지 물어본다. 마음챙김의 자세로 이 대화에 임하기로 했기 때문에 섣부른 판단이나 추측은 가슴 깊이 넣어 두자. 심리 상담 중에 상담자가 내담자에게 물어보듯, "네 말을 내가 정확히 이해했는지 확인해도 될까?"라고만 질문해 보자.

- 질문을 하되 중간에 끼어들지 않는다. 심리 상담에서와 같이 질문을 해도 되는지 상대방에게 먼저 물어보는 것이 좋다. 상대방이 말한 내용뿐만 아니라 감정, 생각, 신체 감각을 정확하게 이해했는지 확인하는 질문을 한다. 지금 이곳이 목격자의 증언을 확보하는 자리가 아니라, 상대방의 경험을 더 깊이 이해하기 위한 자리임을 잊지 말자.

모든 순간에 마음챙김 듣기를 실천하라는 것은 아니다. 매번 그렇게 한다면 당신의 친구는 미심쩍은 눈빛을 보내며 당신이 새롭게 찾은 이 격렬한 경청의 기술에서 서서히 멀어지려 할 것이다. 하지만 당신이 소중하게 생각하는 누군가가 힘들어 하거나, 경청해 주기를 바라고 있다면 그때 이 방법을 반드시 시도해 보자.

핵심 정리

마음챙김을 주기적으로 연습하면 스트레스를 줄이고 집중력과 회복탄력성을 기를 수 있다. 그런 결과를 원하지 않을 사람이 누가 있겠는가? 마음챙김을 가끔 시도해야 하는 일로 생각하지 말고, 꾸준히 실천해야 할 하나의 습관으로 생각하자. 성가신 일들을 처리하기 위한 방법이 아니라 자신의 목표에 따라 살 수 있도록 현재의 순간에 집중하는 방법이라는 것을 기억하자.

대문호 톨스토이는 "만약 그때 내게 가장 중요한 조언이 무엇인지 물었다면 나는 그저 이렇게 답했을 것이다. 신의 이름으로 말하건대 부디 하던 일을 멈추고 주변을 돌아보라."라는 현명한 말을 남겼다. 하지만 페리스 뷸러Ferris Bueller(1986년에 개봉한 미국의 코미디 영화 〈페리스의 해방(Ferris Bueller's Day Off)〉에서 게으른 고등학생으로 등장한다.-옮긴이)의 대사가 톨스토이의 말보다 조금 더 멋지다.

"인생은 너무 빨리 지나가지. 한 번씩 멈춰 주변을 돌아보지 않으면 놓쳐버릴지도 모를 만큼."

6장

중요한 가치를 좇아 사는 법

'삶의 가치'라는
무기를 찾아라

인간에게서 모든 것을 빼앗아 갈 수 있지만 단 하나는 제외다.

인간의 자유 중 마지막 남은 것 하나, 어떤 상황에 놓이든

삶의 자세를 스스로 선택할 수 있는 자유는 누구도 뺏지 못한다.

빅터 프랭클Victor E. Frankl, 정신과 의사이자 아우슈비츠 수용소 생존자

이제 우리는 가장 중요한 질문에 다다랐다. 당신은 왜 여기에 있는가? 당신의 삶에 차고 넘치는 스트레스를 다루는 방법을 배우고 싶은가? 아니면 더 잘 사는 방법을 알고 싶은가? 당신이 이 책을 집어 든 이유는 무엇인가? 아마도 당신은 그저 생존하는 것이 아니라 성공적인 삶을 살고 싶은 것이고, 너무나도 찾기 어려운 삶의 이유를 찾고 싶을 것이다.

앞에서도 이야기했지만 우리는 꽤 자주 '자동 조종 모드'로 삶을 이어 간다. 고개를 숙이고, 옷깃은 세운 채로 일상을 쟁기질하듯 살아간다. 유일하게 고개를 드는 순간에는 다른 이의 수확량과 우리의 것을 비교하거나, 어떻게 하면 더 많은 물질을 취할 수 있는지에 관해서만 생각한다. 그러면 단기적으로는 기분이 나아지는 효과가 있다. 그래서 우리는 이를 반복하지만, 장기적으로는 인생에 의미와 목적이 없다는 느낌만 받을 뿐이다. 더 풍부하고 의미 있는, 생생하고 활기찬 진짜 삶을 살기 위해서는 지금까지 한 번도 제대로 생각해 본 적 없는, 혹은 잊어버린 지 오래인 무언가를 알아볼 필요가 있다. 바로 '삶의 가치' 말이다.

삶의 가치란 무엇인가

가치는 삶을 잘 살아가기 위한 비밀 무기다. 당신에게 동기를 부여하고 영감을 주고 길을 안내하며, 좋은 날에는 더 잘 지낼 수 있도록 돕고 좋지 않은 날에는 위기를 극복할 수 있도록 돕는다. 한마디로 가치란 당신이 선택하는 삶의 방향이자 당신을 이끌어 주는 길잡이다. 당신이 올바른 방향으로 갈 수 있도록 도와주는 내면의 나침반이라고도 할 수 있다. 또한 가치는 자기 자신을 대하는 태도와 타인을 대하는 태도, 당신이 마음속 깊이 소중히 여기는 것들을 반영한다.

당신에게 정말 중요한 것이 무엇인지 곰곰이 생각해 본 적이 있는가? 삶에서 어떤 의미를 추구하고 싶은지 스스로에게 질문한 적은 있는가? 아마 잘 기억나지 않을 거다. 우리가 스스로에게 혹은 다른 사람들에게 잘 던지지 않는 이 질문이 사실 우리의 삶에 매우 중대하고 강력한 영향을 미친다.

가치에 관해 탐구한 연구들이 공통적으로 밝힌 사실이 있다.[22] 소수 집단 학생들은 단순히 가치에 집중하는 것만으로도 문화적 선입견의 나쁜 영향을 받지 않을 수 있다는 점이다. 소수 집단의 학생들은 그들보다 형편이 좋은 다수 집단의 학생들만큼 성적을 내지 못할 거라는 흔한 선입견을 깨고 다수 집단의 학생들만큼 좋은 성적을 받았다.

가치의 개입은 매우 간단했다. 아프리카계와 라틴계 미국인 학생들에게 그들이 삶에서 가장 가치 있게 생각하는 것을 인지하도록 한 다음, 10~15분 동안 종이에 적게 했다. 그들은 가족, 친구, 음악, 정치, 창의성, 춤, 종교를 포함해 매우 다양한 가치들을 적었다. 그게 전부다. 잠깐 생각할 시간과 펜, 그리고 종이 외에 더 복잡한 것은 필요하지 않았다. 이렇게 간단한 개입만으로 연구자들이 무엇을 발견했는지 짐작이 가는가? 바로 소수 인종 학생들과 또래 백인 학생들과의 학업 성적 격차를 없앨 수 있다는 사실이다. 그저 월요일 아침 첫 수업 시작 전에 몇 분간 시간을 들여 무엇이 중요한지 집중해서 생각해 본 결과치고는 꽤 훌륭하지 않은가.

인생에서 '왜(Why)'를 생각하는 것의 강력한 효과를 밝힌 연구는 또 있다. 한 연구는 참가자들에게 찬물 견디기 과제를 수행하게 했다.[23] 찬물 견디기 과제는 얼음장같이 차가운 물에 일정 시간 동안 손을 담그는 것이다. 이 과제는 최대 5분 동안 진행되었다. 그러고 나서 참가자들을 가치 그룹 또는 통제 그룹으로 나눠 각각 30분 동안 자신에게 중요한 가치에 관해 생각하거나 세계의 불가사의에 관한 자료를 시청하게 했다. 그런 다음 그들은 찬물 견디기 과제를 다시 수행했다.

두 그룹 모두 찬물에 손 담그기를 고통스럽다고 생각했지만, 가치에 집중한 참가자들은 그렇지 않은 참가자들보다 고통을 더 잘 견뎌냈다. 다시 말해서, 가치의 개입은 고통을 느끼는 정도를 감소시키지는 않았지만 이에 대한 참가자들의 반응을 변화시킨 것이다. 요컨대 그들은 '왜'가 있었기 때문에(자신의 가치를 인지했기 때문에) 고통을 견딜 수 있었고, 그것이 큰 변화를 만들었다.

자, 여기서 분명히 할 것이 있다. 나는 당신에게 근처에서 얼음장같이 차가운 물웅덩이를 찾아 손을 담그고, 하늘을 올려다 보며 계시가 내려오기를 기다리라고 제안하는 것이 아니다. 찬물에 손을 넣는 건 아마 큰 소용이 없을 것이다. 당신이 해안 경비대원이거나 아주 차가운 물로 설거지하는 것이 취미인 사람이 아니라면 말이다. 당신에게 '왜'가 있다면 앞으로 어떤 가능성이 펼쳐질지 생각해 보라고 제안하는 것이다.

당신이 자신의 가치를 위해 행동한다면 불안, 두려움, 거절을 당할 위험을 포함해 또 어떤 것들을 받아들일 수 있을 것 같은가? 당신이 중요하게 생각하는 가치가 있다면 삶의 이유가 있는 것이고, 삶의 이유가 있다면 의미 있고 활기찬 삶을 추구할 때 불가피하게 따라오는 불편한 감정에도 기꺼이 마음의 문을 열 이유를 찾을 수 있다. 가치를 갖는 것이 정말 중요한 이유다.

가치인 것과 가치가 아닌 것

다음 장으로 넘어가기 전에 가치가 무엇이고, 가치가 아닌

것은 무엇인지 확실히 하고 넘어가자. 이 과정을 거치면 변화를 위한 행동으로 향하는 길이 훨씬 더 수월해질 것이다.

✅ 가치는 자유롭게 고를 수 있다

가치는 당신에게 중요한 것이지, 다른 사람들에게 중요한 것이 아니며, 그들이 당신에게 중요하게 여기기를 바라는 것도 아니다. 현대인들에게는 자신의 가치보다 다른 사람들의 가치를 우선시하는 재주가 있다. 어쩌면 우리는 자신의 가치가 아니라 우리에게 기대되는 가치가 우리의 삶을 이끌어 가도록 하는지도 모른다. 그렇기 때문에 삶을 사는 방식이 진실하지 않다는 느낌이나 삶의 목적을 잃어버린 듯한 느낌도 종종 드는 것이다.

예를 들어, 당신이 실제로는 즉흥적이고 직감에 따라 행동하는 사람임에도 불구하고, 항상 성실하고 세심하다는 평가를 받아 왔다고 가정해 보자. 당신은 다른 사람들을 실망시킬까 두려워 자신의 본모습을 드러내지 못했을지도 모른다. 따라서 당신의 비밀스러운 가치가 무엇인지 스스로에게 반드시 질문해야 한다. 아무도 알 수 없고 누구에게도 말하지 않아도 된다면 당신은 어떤 가치를 추구하겠는가?

✅ 가치는 자기 강화의 산물이다

가치는 다른 사람들이 어떻게 반응하는지에 대한 것이 아니다. 당신이 '친절'이란 가치에 따라 살기로 선택하더라도, 남들이 항상 친절을 돌려주지는 않는다. 그러면 어떻게 해야할까? 당신이 베푼 만큼 돌려받기 위해 친절의 가치를 따르기로 한 것이라면, 친절은 당신이 진정으로 소중하게 생각하는 가치가 아닌 게 확실하다.

가치에 따른 행동의 결과는 절대 보장되지 않는다. 받아들이기 불편한 진실이지만 사실이다. 가치는 그 자체로 보람있고 자기 강화가 필요하다. 아무리 열심히 노력해도 다른이들의 반응을 완벽히 통제할 수는 없지만, 자신이 하는 말과 행동은 스스로 통제할 수 있기 때문이다.

이쯤에서 당신은 다소 불안하다고 느낄 수도 있다. 그럴만도 하다. 하지만 끝까지 들어 보라. 당신에게 불친절하고 무자비한 사람이 있다 해도 그에게 여전히 친절해야 한다는 말이 아니다. 전혀 그런 뜻이 아니다. 당신은 그 사람과의 관계를 유지하는 것이 당신의 삶의 가치와 당신이 어떤 대접을 받고 싶은지를 고려했을 때 그에 잘 부합하는지 차분히 다시 검토할 것이다. 그리고 그렇지 않다는 결론에 도달할 것이다. 여기서 핵심은 당신이 가치를 선택하는 기준은 당신에게 중요하기 때문이지, 이를 통해 다른 사람에게 대접받을 수 있기 때문이 아니라는 것이다. 카페에서 옆 사람에게 친절하게 대하는 이유가 그에게 공짜 커피를 얻어 마실 수 있기 때문은 아니어야 한다는 말이다. 친절을 가치 있게 여기기 때문에 타인을 친절하게 대해야지, 디카페인 바닐라 헤이즐넛 모카초코치노 시럽 적게인지 뭐인지를 공짜로 마실 수 있기 때문에 친절하게 대하는 것이 아니어야 한다는 뜻이다.

✅ 가치는 행동을 지속하게 한다

가치는 마치 '동사'와 같다. 당신이 행동하는 방식이지, 성취해야 하는 목표가 아니라는 뜻이다. 예를 들어, 누군가와 함께 살거나 결혼하는 것이 목표라면 그건 한 번 성취하고 나면 그걸로 끝이다. 목록에서 체크 표시를 하고 지울 수 있다. 반면 연인과의 관계에서 당신이 행동하고 싶은 방식은 어떤가? 당신의 가치가 다정함이라면, 결혼하고 목표를 이룬 순간 그 가치가 사라지는가?

다정함이라는 가치는 목표처럼 이루고 끝나는 것이 아니다. 상대방과의 관계에서 당신은 다정함의 가치를 꾸준히 실천할 것이다. 심지어 그렇게 하고 싶지 않다고 느끼는 순간에도 그렇게 할 것이다. 솔직히 모든 관계가 그렇지 않은가. 배우자든, 부모든, 자녀든, 동료든, 반려동물이든 그들과의 관계에서 우리는 항상 가치에 따라 행동을 지속한다.

✅ 가치는 강력하다

아우슈비츠 수용소에서의 경험을 기록한 빅터 프랭클Victor E. Frankl의 자서전은 다른 어떤 글보다 가치의 힘을 감동적이고도 분명하게 보여준다. 프랭클은 유대인 정신과 의사로, 2차 세계 대전 당시 악명 높은 나치 강제 수용소에 감금되었다. 그곳에서 살아남아 그가 보고 경험한 참혹한 일들에 관한 회고록을 썼는데, 그의 글에서 특히 주목할 만한 건 바로 말도 안 되는 극한의 상황에서도 사람들을 버티게 해준 것이 무엇이었는지 관찰한 바를 적은 부분이다.

그는 자신의 글에서 고난 끝에 생존한 사람들은 가장 강한 자들이 아니었다고 말한다. 그들은 살아야 할 이유가 있는 사람들이었고, 극도로 암울한 상황 속에서도 삶을 대하는 자세를 직접 선택했던 사람들이었다.

"수용소에 살았던 사람들은 모두 기억할 것이다. 사람들을 위로하고 자신의 마지막 남은 빵 조각을 나눠주었던 이들을 말이다. 그런 이들의 수가 많지는 않았지만 그들은 다음을 충분히 증명했다. 인간에게서 모든 것을 빼앗아 갈 수 있지만 단 한 가지, 마지막 남은 자유는 빼앗을 수 없다. 어떤 상황에서도 삶을 살아가는 자세를 직접 선택하고 자신만의 길을 선택할 수 있는 자유 말이다."

이 말은 가치를 설명하는 완벽한 표현이다. 그 어떤 어두운 상황에서라도 자신의 가치에 따라 반응하는 것이다. 가치를 추구하는 것은 원래 쉬운 일이 아니다. 삶에서 당신이 추구하고자 하는 바를 굳건히 지키는 일이기 때문이다.

수년 전, 임상 심리학자가 되기 위해 수학하고 있을 때 나는 지금과 마찬가지로 외상 후 스트레스 장애를 겪는 난민들을 치료하는 곳에서 일했다. 그때 만났던 차마 말로 할 수 없는 잔혹함과 폭력을 경험한 한 여성을 기억한다. 나는 그녀의 이야기에 큰 충격을 받았고, 슬프게도 지금도 이와 비슷한 이야기를 자주 듣는다. 지도교수님은 돌아오는 주에 있을 그녀의 정신과 상담 시간에 내가 함께 가서 그녀가 자신의 외상 후 스트레스 장애 증상에 관해 설명하는 것을 돕기를 원했다. 상담 날짜는 크리스마스 며칠 전이었고, 나는 시간에 맞춰 상담을 진행했다.

상담을 마치고 그녀와 함께 밖으로 나와 이동하는데 그녀가 나를 멈춰 세우더니 주머니에서 무언가를 꺼내 건네는 것이 아닌가. 종이를 펼쳐보니 거기에는 모조 다이아몬드 장식이 달린 검정색 머리핀이 들어 있었다. 그녀는 영어를 거의 할 줄 몰랐고, 우리는 전에 딱 한 번 만난 것이 전부였다. 그런데도 그녀는 나에게 친절을 베풀었다. 그녀가 처한 상황이 얼마나 고통스러운지, 그녀의 삶이 얼마나 힘들었는지와는 상관없이 그녀는 자신이 소중하게 생각하는 가치에 따라 행동하기로 선택한 것이다.

나는 지금까지 그 머리핀을 잘 간직하고 있다. 어떤 예상치 못한 일이 닥쳐도 그에 대해 어떻게 반응할지는 항상 나의 선택에 달려 있다는 사실을 상기하기 위해서다. 이루 말할 수 없는 고통을 겪으면서도 삶의 가치를 직접 선택하는 사람들이 여전히 이 세상에 존재한다면, 그 길은 우리 모두에게도 열려 있을 것이다.

어쩌면 그녀가 나에게 무언가 원하는 것이 있어서 선물을 준비한 게 아니냐고 생각하는 사람들도 있을 것이다. 물론 그랬을 수도 있다. 나는 그렇지 않았을 거라고 생각하지만 진실은 그녀 말고는 누구도 알 수 없다. 하지만 내가 어느 쪽을 믿기로 했는지는 당신도 짐작할 수 있을 것이다.

나는 어떤 생각이 나에게 힘을 주는지, 어떤 생각이 나를 더 쓸모 있게 만드는지도 안다. 다른 사람의 의도에 대해 지나치게 부정적이거나 냉소적인 사람들치고 세상을 더 나아지게 만드는 데 도움이 될 만한 일을 하는 이를 거의 보지 못했다. 나라면 그런 태도를 취하는 대신 인류애의 증거들을 믿겠다. 세상은 끔찍한 일들로 가득하지만 선함과 용기에서 나오는 경이로운 일들로도 가득하다.

✅ 가치는 항상 손에 닿을 수 있다

가치의 진정한 아름다움은 바로 '항상 손에 닿는다'는 점이다. 부자가 되고, 살이 빠지고, 더 큰 집을 사고, 더 좋은 직업을 갖고, 더 풍성하고 우아하게 생긴 눈썹과 더 고른 치열을 가질 때까지 기다리지 않아도 당신은 자신이 소중하게 생각하는 가치에 따라 행동할 수 있다. 당신이 가치 있게 생각하는 것을 곧바로 행동으로 나타낼 수 있기 때문이다. 예를 들어, 당신이 호기심과 모험심을 중요한 가치로 생각한다면 당신은 아마존 지대를 혼자 하이킹하는 계획을 세울 수도 있지만, 바로 오늘 점심시간에 모르는 사람에게 말을 거는 것부터 시작할 수도 있다.

모르는 사람에게 말을 거는 것이 스위스 군용 칼로 직접 나무를 파서 만든 카누를 타고 아마존강을 거침없이 건너는 것과 같냐고 묻는다면, 물론 그렇지는 않다. 하지만 자신만의 안전지대에서 벗어나 처음 보는 사람에게 말을 거는 것 역시 호기심을 갖고 모험을 실천하는 것과 같다. 그런 가치들을 당신의 삶에 적용하는 것이다.

정말 큰 모험을 하고 싶다면 점심을 먹을 때 평소와 다른 메뉴부터 주문해 보자. 한 번도 안 먹어 본 종류로 말이다. 좀 더 과감해져도 괜찮다. 치킨 샌드위치 하나가 당신의 운명을 결정짓지는 않으니 말이다.

가치는 목표가 아니라 방향에 가깝다

가치는 목표가 아니다. 우리는 대단히 목표 지향적인 사회에 살고 있다. 인생은 때로 목록에 있는 다음 목표를 이루고 그 성취감을 통해 도파민을 분비시키는 것이 전부인 것처럼 보이기도 한다. 인간은 이와 같은 보상을 추구하도록 구조화되어 있다. 그게 나쁜 것은 아니다. 보상은 우리를 앞으로 나아가게 한다. 하지만 거기에 가치를 더하지 않는다면 중요한 것을 놓치고 만다. 목표와는 다르게 가치는 한 번 달성하고 나면 목록에서 지워버릴 수 있는 것이 아니다.

가치는 우리가 나아가는 방향에 가깝다. 항상 동쪽을 향해 가는 것과 같다. 반면에 목표는 가는 길에 지나치는 도시, 나무, 다리, 이정표들과 같다. 당신이 선택한 삶의 방향은 당신을 계속 앞으로 나아가도록 인도하고, 당신에게 영감을 주고 동기를 부여한다. 당신은 승진을 하거나 정말 멋진 프로젝트를 맡거나 혹은 그저 회사 서류 보관함의 서랍 중 하나를 더 차지하기를 간절히 바랄 수도 있다. 하지만 그 목표를 이루면 어떻게 되는가? 내내 원했던 것을 갖게 됐을 때 당신은 어떻게 행동할 것인가? 당신의 행동에 어떤 가치를 적용하고 싶은가? 다른 사람들을 어떻게 대할 것인가?

비만을 해결하기 위해 위절제술을 받고 정상 체중을 찾은 사람들이 목표를 이뤘음에도 이전보다 불안과 우울감이 증가했다는 연구 결과에 주목하자. 그들은 목표를 이루는 것에만 집착한 나머지 목표를 이루고 난 다음 어떻게 행동해야 할지 몰랐던 것이다. 성형수술을 한 사람들에게도 이와 비슷한 현상이 나타난다. '이제 어떻게 해야 하지?'라는 질문은 생각보다 크게 다가온다.

가치는 우리를 앞으로 나아갈 수 있게 만들고, 변화된 행동을 유지할 수 있도록 길을 제시한다. 체중을 감량한 사람들은 다른 사람들이 자신을 다르게 대할 것이라는 기대에 따라 행동할 때에 비해, 자기 자신을 위해 행동할 때 변화된 습관과 체중을 더 잘 유지할 수 있다. 다시 말해, 의도가 지극히 중요하다. 헬스장에 더 자주 가고 싶다면 당신이 건강을 중요하게 생각하기 때문에 그렇게 한다는 점을 기억하라. 2주 안에 스키니 진을 입을 수 있기 때문에 하는 것 대신 말이다. 스키니 진 때문에 시작하면 목표를 빨리 이룰 수 있을지는 몰라도, 거기까지 도달하게 한 바로 그 행동을 더는 유지하기 어려울 것이다.

✅ **가치는 행복해지는 것이 아니다**

당신이 듣고 싶은 말은 아니겠지만, 가치는 단지 기분이 좋아지기 위한 것은 아니다. 물론 가치가 인도하는 삶을 살면 그에 따른 부산물로 행복이 찾아올 수는 있지만, 항상 그런 것은 아니다. 가치에 따라 행동했을 때 오히려 커다란 감정적 고통을 겪을 수도 있다.

외상 후 스트레스 장애를 겪는 난민들을 치료하는 나의 일상은 대부분 고문과 폭력, 그리고 인간 본성 최악의 모습들을 마주하는 순간들로 채워진다. 그런 순간들에 나는 디즈니랜드에 갔을 때처럼 행복을 느끼는가? 분명 아니다. 하지만 환자들의 고통을 덜어주기 위해 내가 할 수 있는 일을 하겠다는 나의 가치에 부합하는 순간들인가? 그렇다. 나에게 의미 있는 이 순간들은 심지어 그러고 싶지 않은 기분이 드는 날에도 나를 움직이게 하고 내게 동기를 부여한다. 비록 침대에 걸터앉아 하루 종일 초콜릿을 까먹기만 하고 싶은 날이라도, 가치에 따라 행동하지 않으면 가치에 따라 행동할 때보다 기분이 좋지 않을 것이다.

지금 다음의 연습을 시도해 보라. 종이를 한 장 꺼내 한쪽에는 당신에게 정말 중요한 것들을 적는다. 소중한 사람, 반려동물, 당신의 일, 또는 당신이 사랑하는 취미가 될 수도 있다. 그리고 종이를 뒤집어 뒷면에는 당신이 두려워하는 것들을 적는다. 당신이 두려워하는 것이 앞장에 적은 소중한 사람을 잃는 것, 좋아하는 취미를 할 수 없는 것이라면 당신만 그런 것은 아니라는 사실을 기억하자. 대부분의 사람들이 이를 두려워한다. 길가는 사람 중 부모인 사람을 아무나 붙잡고 가장 두려운 일이 무엇인지 물어보라. 그들은 대부분 가장 두려운 일로 자식에게 무슨 일이 생기는 것을 꼽을 것이다.

대부분의 사람에게 가장 두려운 것은 그들이 정말 소중하게 생각하는 것을 잃는 것이다. 부모, 자식, 연인, 친구, 형제자매 등 누군가와 매우 긴밀한 관계를 형성하는 순간 그들을 잃을 수도 있다는 두려움이 생긴다. 좋아하는 취미가 생기면 그것을 할 수 있는 능력을 잃어버릴 위험도 언제나 존재한다. 여기서 딜레마가 생긴다. 무언가를 소중히 여길 때 반드시 따르는 감정적 고통을 회피하기 위해 당신이 아끼는 것들을 모두 포기할 것인가? 다정한 부모, 용감한 수상 스키 애호가, 배려 깊은 동료, 유쾌한 친구가 될 기회를 놓아 버릴 텐가? 당연히 그렇게 하진 않을 것이다. 사실 둘 중 하나만 놓아 버릴 수도 없는 이치다. 마치 고슴도치를 키우는 것처럼, 그 부드러운 아랫배를 만지고 싶다면 뾰족한 가시도 견뎌야만 한다.

우리는 모두 언젠가 우리가 사랑하는 것을 잃고 감정적 고통을 겪는 경험을 할 것이다. 로봇처럼 살고 싶은 것이 아니라면 이 사실은 바꿀 수 없다. 하지만 당신이 할 수 있는 일은 감정적 고통이 나타나는 순간에 당신이 소중하게 생각하는 가치를 적용하는 것이다. 암 진단을 받은 친구에게 무엇을 해주고 싶은가? 생을 마감하는 순간의 부모님을 어떻게 위로할 것인가? 당신이 직장을 잃거나 좋아하는 취미를 더는 즐기지 못하게 되었을 때, 스스로에게 어떤 말을 해주고 싶은가? 모두 재밌거나 유쾌한 일은 아니지만, 현재에 집중하고, 열린 마음으로 감정을 받아들이고, 자신에게 중요한 가치를 직접 선택할 수 있다면 여전히 의미 있는 삶을 살아갈 수 있을 것이다.

✅ 가치는 규칙이 아니다

'반드시' 혹은 '~해야 한다'와 같은 말에 매몰되지 말자. 옳은 가치와 옳지 않은 가치가 따로 있는 것도 아니다. 가치는 부담 없이 당신과 함께하며 당신을 올바른 방향으로 살며시 인도하는 온화한 인솔자와 같아야 한다. 마치 성격 좋은 골든 리트리버 같은 느낌이다.

가치에 따라 행동하더라도 당신이 원하는 방식대로 행동할 수 없는 순간들도 물론 있다. 또한 가치가 서로 충돌해 우선순위를 정해야 하는 경우도 종종 생길 수 있다. 당신은 친구와의 우정을 가치 있게 생각하지만 성실함도 중요하게 생각하기 때문에 친구와 만나서 노는 것보다는 업무 프로젝트를 우선순위에 둘 수도 있다.

때때로 당신은 특정 순간에 양립할 수 없는 몇 가지 가치의 우선순위를 정해야 할 것이다. 이런 순간이 고통스럽게 느껴진다면 당신이 중요하게 여기는 가치들을 지구본 위의 여러 나라라고 생각해 보자. 멕시코를 보고 있을 때 동시에 콩고 민주공화국에 시선을 둘 수는 없지 않은가. 콩고 민주공화국은 계속 그 자리에 있지만 지금은 중앙 아메리카에 집중하기로 선택할 뿐이다.

가치도 마찬가지다. 당신은 어떤 순간에는 다정한 부모가 되고 아이들과 시간을 함께 보내는 것에 집중하느라 성냥으로 파르테논 신전을 만드는 창의적인 활동은 잠깐 접어 둘 수도 있다. 그렇다고 해서 당신이 소중하게 생각하는 취미가 사라지는가? 당신의 창의력은 그대로지만, 당신이 그 순간에 집중하고자 하는 대상이 아닐 뿐이다.

가치가 모든 것인 게임

당신에게 생각과 분리되고, 원하지 않는 감정에게 자리를 내어주고, 마음챙김의 자세를 익히라고 여태 당부한 이유는 무엇일까? 그저 재미 삼아 그런 것이 아니다. 당신이 가치에 관한 중대한 문제들을 마주하기 위해 움직이기 시작하는 순간 당신의 마음은 할 말이 많아지고, 슬픔, 죄책감, 수치심, 실패에 대한 두려움 등 여러 감정들이 나타나 이제 막 가치의 길로 들어서려는 당신을 궤도에서 벗어나게 할 것이 분명하기 때문이다.

영화 〈베스트 키드(The Karate Kid)〉를 본 적 있는가? 이 영화를 본 적 있다면 내가 어떤 이야기를 하려는지 짐작할 것이다. 영화를 본 적이 없다면 요약한 줄거리를 들려주겠다.(지금까지 이 영화도 안 보고 대체 뭘 했는가?) 간단히 말하자면, 외톨이 소년 대니가 지혜로운 노인 미야기 씨를 찾아가 가라데를 배우고 학교에서 그를 괴롭히는 불량배들을 상대로 자신을 지키는 방법을 터득하는 이야기다. 미야기 씨는 무술을 가르쳐 달라는 대니의 요청을 받아주었지만, 그에게 허드렛일만 시킨다. 울타리에 페인트칠하기, 왁스로 광내기 등 잡일만 계속 시키자 대니는 화가 나서 미야기 씨에게 따져 묻는다. 자신은 무술을 배우고 싶은 것이지 이런 일을 하러 온 것이 아니라며 자신의 노동력을 무상으로 착취하지 말라고 이야기한다.

매우 현명한 미야기 씨는(그는 말이 별로 없고 묵묵히 고개를 끄덕이는 것으로 보아 지혜롭다는 것을 알 수 있다.) 대니가 이미 가라데를 배우고 있다고 말한다. 미야기 씨가 대니에게 "빗자루질을 해라!"라고 하면 대니는 그 동작을 한다. 그것이 바로 가라데 동작이었다. 미야기 씨가 "왁스를 칠해라! 왁스를 벗겨라!"라고 하면 대니는 울타리에 왁스를 칠하고 벗기는 동작을 한다. 그것이 또 다른 가라데 동작이 된다. 그는 자신도 모르는 사이에 동작들을 익히고 있었던 것이다.

당신이 대니이고, 내가 미야기 씨의 역할이라고 생각하자. 미야기 씨보다는 내가 조금 덜 현명하고 덜 지혜롭고, 말도 많지만 말이다. 생각과 분리하기, 감정 받아들이기, 마음챙김, 관점 가지기는 모두 내가 당신에게 전수한 기술들이다. 이것은 모두 당신이 다음 단계로 나아가기 위해 필요한 기술들이다. 이제 당신은 게임을 시작할 준비가 되었다. 가치가 모든 것인 게임 말이다.

자신의 가치 발견하기

당신은 가치에 대한 진실을 알게 되었고 당신의 마음이 던지는 피할 수 없는 장애물들을 다루는 기술을 익혔다. 이제 당신에게 중요한 가치가 무엇인지 알아볼 차례다. 삶의 방향을 정하고 그 안에서 의미를 찾으며 앞으로 나아가고 싶다면 다음의 연습을 반복적으로 시도해 보자.

✅ 가치 선택하기

오른쪽 표는 사람들이 가장 많이 선택하는 가치들을 모은 것이다. 이 목록은 완벽한 것은 아니니, 자유롭게 당신이 원하는 항목을 추가해도 된다. 목록을 한번 가볍게 읽으면서 당신에게 중요하다고 느껴지는 것들에 모두 표시해 보자. 그리고 그중에서도 가장 중요하다고 생각하는 다섯 가지를 고른다. 이제 당신의 삶에서 이 가치들을 실현하고 있는지, 그리고 이 가치들을 나침반 삼아 인생을 살 때 어떤 행동들을 취할 것인지 생각해 보자. 그중에는 새로 산 코트처럼 나와 잘 어울리는지 확인하고 싶은 가치도 있을 것이다. 그렇다면 마음이 시키는 대로 한번 시도해 보고 어떤 가치가 당신에게 잘 맞는지 검토해 보자. 만약 그 결과, 오버 사이즈 비대칭 셔츠나 털 달린 슬리퍼처럼 당신이 잘못 생각한 패션 스타일 같은 것이 있다면 언제든 환불해도 좋다.

수용	공정함	충성심
모험	믿음	열린 마음
애정	운동	체계
확신	자유	인내심
아름다움	친절	평화
소속감	재미	유쾌함
배려심	관용	권력
측은지심	감사	믿을 만함
순응	건강	존중
관계	정직함	위험 감수
성실함	유머	안전
용기	독립심	자기 인식
창의성	진실성	관능
호기심	정의	사회성
헌신	친절	충동
규율	지식	신앙
평등	리더십	용인
즐거움	배움	신뢰
경험	사랑	지혜

당신이 중요하게 생각하는 가치를 어느 정도 알아봤다면 아래의 표를 이용해 인생의 어떤 영역에서 이 가치들을 보여주고 싶은지 정리해 보자. 이 표에 적힌 영역 중 당신에게 전혀 중요하지 않은 것들이 있다면 삭제해도 좋다. 그리고 만약 이 표에 포함되지 않은 새로운 영역이 있다면 자유롭게 추가해도 좋다.

인생의 영역	보여주고 싶은 가치
가족	
연인 관계	
자녀	
친구 관계 / 사회생활	
일 / 경력	
교육 / 배움	
여가 생활 / 취미	
신앙 / 종교	
시민 의식 / 공동체 생활	
건강(신체 건강, 정신 건강)	
예술 / 창의성	

*캘리 윌슨Kelly Wilson의 책《The Valued Living Questionnaire》중 '인생의 영역' 부분에서 영감을 받음.24)

✅ 미래의 생일 상상하기

인생에 가치를 적용하기 위해 다음을 연습해 보자.[25] 일단 눈을 감고 미래의 기념비적인 생일 파티를 즐기는 당신의 모습을 그려 보자. 당신은 생일 파티에서 과거를 회상하는 중이다. 그리고 다음의 문장을 완성해 보자.

- 나는 ~을 걱정하느라 너무 많은 시간을 보냈다.
- 나는 ~와 같은 일을 하는 데 많은 시간을 할애하지 못했다.
- 만약 시간을 되돌릴 수 있다면 내가 할 일은 ~이다.
- 나는 ~하는 데 더 많은 시간을 보낼 것이다.
- 나는 과거의 나에게 ~와 같은 말을 할 것이다.

✅ 나의 장례식에 참석하기

간호사 브로니 웨어Bronnie Ware는 여러 환자들을 간병하며 그들이 죽기 전에 가장 크게 후회하는 다섯 가지를 정리했다. 다음은 죽음을 앞둔 환자들이 자신의 삶에서 가장 후회한다고 이야기한 것들이다.

- 타인의 기대에 맞춰 살지 않고 내가 하고 싶은 일에 더 충실하며 살았더라면 좋았을 걸.
- 조금 덜 열심히 일할 걸.
- 감정을 표현할 용기를 가질 걸.
- 친구들과 더 많이 연락하며 지낼 걸.
- 스스로 더 행복할 수 있도록 허락했더라면 좋았을 걸.

이는 운명을 바꿀 수 없는 사람들의 후회지만 당신에게는 아직 기회가 있다. 지금 당장 당신에게 가장 중요한 가치에 집중하자. 당신이 열여덟 살이든, 여든 살이든 아직 늦지 않았을 때 당장 시작하자.

이 연습을 통해 당신은 스스로 정말 중요하게 생각하는 것이 무엇인지 발견할 수 있다. 나의 장례식에 참석하기 연습은 생각보다 암울하지 않다는 점도 기억하자.[26] 이 연습은 오히려 삶에 대한 확신을 줄 수 있는 가장 강력한 활동이 될 것이다. 누군가에게 방해받지 않고 혼자서 집중할 수 있는 시간에 도전하면 된다. 이것은 매우 감정적이고 감동적인 경험이 될 수 있으며, 연습이 끝난 후에는 무엇을 위해 살아야 하는지 훨씬 더 잘 이해하게 될 것이다.

당신이 생을 마감했다고 상상해 보자. 당신은 자신의 가치에 따라 올바른 방향으로 나아가고, 영감을 받고, 원동력을 얻으며 훌륭한 삶을 살았다. 당신이 자신의 장례식에 직접 참석할 기회를 얻었다고 상상해 보자. 당신의 추도문을 낭독하기 위해 세 사람이 서 있다. 그들은 당신의 삶에서 각각 다른 영역에 속한 사람들이다. 가족, 동료, 친구 등 당신이 좋아하는 누구나 될 수 있지만 각기 다른 영역을 대표하는 사람들로 구성되었다고 상상해 보자. 현재에는 존재하지 않는 관계의 사람들까지 상상해도 된다. 아직 당신의 삶에 나타나지는 않았지만, 미래의 배우자나 자녀가 당신에게 어떤 추도사를 해주기 바라는지 생각해 보는 것이다.

그들이 당신에 관해 어떤 말을 했으면 하는가? 그들의 표현과 목소리를 상상하며 자신의 몸에 어떤 감정이 느껴지는지 관찰하자. 그들은 당신이 인생에서 어떤 가치를 추구했고, 그들에게 당신이 어떤 의미이며, 당신의 행동들이 어떻게 당신과 당신이 소중히 여기는 가치들을 잘 반영했는지 이야기할 것이다. 좀더 과감해져도 된다. 겸손하지 않아도 된다. 사랑하는 사람들이 당신에 관해 어떤 말을 해줬으면 하는지 마음껏 진지하게 고민해 보자.

그런 다음에는 스스로에게 다음의 질문들을 해보자. 당신의 장례식장에서 누가 추도사를 해줬으면 좋겠는가? 그들은 어떤 표현으로 당신을 설명하는가? 그들의 이야기는 당신의 가치를 잘 반영하고 있는가? 그들이 말해주기를 바라는 당신 삶의 모습과 당신의 현재 삶의 모습이 어떻게 다른가? 이 연습은 당신이 진정 어떤 사람이 되고 싶은지를 드러내 보여줄 것이다. 그렇다면 지금 그런 사람으로 사는 걸 어렵게 만드는 장애물은 어떤 것이 있는가?

자, 어땠는가? 아주 강렬한 경험이 되지 않았는가? 반면에 꽤 고통스러운 경험이기도 했을 것이다. 특히 당신이 원하는 모습대로 살고 하고 싶은 대로 행동하지 못한다고 생각한다면 더욱 그럴 것이다. 그 순간의 고통이 당신에게 무엇이 중요한지 알려줄 것이다. 그러므로 고통을 밀어내지 말고, 더 의미 있고 만족스럽고 활기찬 삶을 살 수 있도록 당신의 길을 밝혀주는 등대라고 생각하자.

✅ 가치를 직접 적어보기

자신의 가치를 글로 적어 보면 단순히 목록에서 몇 개의 가치들을 선택했을 때보다 더 큰 변화를 가져올 수 있다. 가치와 더욱 가까워지기 위해 10분 타이머를 맞추고 당신이 진정으로 중요하게 생각하는 가치를 써 보자. 앞의 연습에서 이미 확인한 가치여도 좋다. 글을 시작하기가 어렵게 느껴진다면 도움이 될 만한 다음의 질문들을 참고하자.

- 이 가치를 삶의 어떤 영역에 적용하는 것이 중요한가?
- 내 인생에서 이 가치가 중요해진 순간은 언제였는가?
- 이 가치에서 벗어난 순간들이 있었는가? 그때 나는 어떻게 행동했는가? 그로 인해 내가 지불한 대가가 있었는가?
- 가치에 따른 행동을 했던 때는 언제인가? 그때 어떤 감정이 들었는가?
- 그렇게 하기 쉽지 않을 때 가치에 따라 행동한 순간이 있었는가?
- 가치에 좀더 가까워지기 위해서 앞으로 나는 어떤 행동을 해야 할까?

✅ 가치는 나만의 비밀로 간직하자

가치를 발견하기 위한 첫 번째 규칙은 이를 비밀로 하는 것이다.[27] 완벽한 은폐가 핵심이다. 당신 마음속의 비밀 가치 서약서에 사인하자. 누군가에게 모진 심문을 받는다고 해도 절대 발설해서는 안 된다는 것을 기억하자. 소중한 가치를 하나 정하고, 아무도 모르게 그 가치에 따라 행동하기 위한 작전을 펼쳐 보자. 단지 친절이란 가치를 추구하기 위해 친구에게 몰래 선물을 한다거나, 익명으로 자선 단체에 기부를 하거나, 모르는 사람에게 친절을 베푸는 것이다. 여기서 핵심은 남들에게 인정이나 칭찬을 받기 위해서가 아니라, 가치가 가져오는 내면적 보상을 위해서 행동하는 것이다. 이것이 다른 사람들의 생각에 방해받지 않고 당신에게 중요한 것을 온전히 지키는 방법이다.

✅ 장애물이 없는 삶을 상상해 보자

삶을 방해하는 여러 문제들을 모두 빨아들일 수 있는 진공청소기가 있다고 상상해 보자. 그러면 나는 재빠르게 당신을 찾아가 나의 특허품으로 심리 청소를 실행하겠다. 이상하게 들릴지 모르겠지만, 그러면 당신은 더는 남들이 어떻게 생각하는지 걱정할 필요가 없을 것이다. 고통스러운 생각, 기억, 감정과 신체 감각들도 전혀 당신을 괴롭히지 못할 것이다.

원하는 만큼 돈도 충분히 있다고 생각해 보자. 호화로운 사파리 여행을 떠나고, 가죽 시트를 장착한 멋진 차를 사고, 은행 계좌 잔고에 대한 걱정은 눈곱만큼도 할 필요 없이 마트에서 최고급 재료들을 매일 살 수 있다면 어떨까. 인생의 장애물에서 완전히 자유로워지면 당신은 하루를 어떻게 보낼 것인가. 내가 당신을 귀찮게 졸졸 따라다니며 당신의 일상을 촬영한다고 가정해 보자. 당신을 가로막는 장애물이 전혀 없다면 당신은 과연 무엇을 할 것인가.

✅ 달콤한 행복의 순간들

당신이 살아 있음을 느끼고, 활기와 만족감을 느꼈던 순간을 떠올려 보자.[28] 좀더 생생하게 기억하기 위해 당시에 당신이 보고 들었던 것에만 집중하지 말고, 냄새와 촉감, 맛, 그리고 몸으로 느꼈던 감각까지 모두 떠올려 보자. 그 달콤한 행복의 순간에 당신은 무엇을 하고 있었나? 누구와 함께였나? 어디에 있었나? 그 순간에 얼마나 충실했는지 기억하는가? 당신의 마음이 하는 말보다는 당신의 몸이 느꼈던 감각을 불러와 보자.

그 순간이 당신에게 왜 그렇게 특별하게 느껴졌는지 질문해 보자. 어떤 가치가 작동했는가? 그 순간은 당신이 진정 중요하게 생각하는 것이 무엇이라고 말하는가?

핵심정리

인간은 항상 삶의 의미를 갈구한다. 자신에게 소중한 것들과 관계를 맺고 유지하기 위해서다. 당신이 어떤 가치를 추구하고 싶은지에 집중한다면 전에는 몰랐던 삶의 의미를 확실히 찾을 수 있을 것이다. 이제 매일의 단조로운 일상 속에서 고개를 들고 인생이 던지는 중요한 질문에 답할 때다. 당신은 어떤 사람이 되고 싶고, 어느 곳으로 가고 싶은가? 그리고 어떻게 그곳에 다다르고 싶은가? 가치는 이 질문에 대답할 방법을 제시한다. 인생의 의미를 직접 알려주는 것이 아니라, 인생 안에서 스스로 의미를 찾을 수 있도록 돕는 것이다.

7장

행동하는 법

큰 변화는
작은 발걸음에서 시작된다

오늘, 인생을 바꿔라.

미래에 희망을 걸지 말고 지금 지체하지 말고 행동하라.[29]

시몬 드 보부아르Simone de Beauvoir, 프랑스의 실존주의 철학자이자 작가 당신이 직접 행동하지 않는다면 지금까지 다룬 내용은 모두 탁상공론에 불과하다. 지금까지의 이야기가 당신에게 고개를 끄덕이게 하는 통찰을 제공했을지는 모르지만, 실제로 무언가 다르게 행동하지 않는다면 삶의 기본 구조는 절대 변하지 않을 것이다.

사람들 대부분은 1월 19일쯤 되면 1월 1일에 세운 신년 계획들을 포기한다고 밝힌 연구가 있다.[30] 그러니까 사람들은 새해가 밝은 후, 총 18일 동안 무언가 다르게 살기 위해 노력한다는 것이다. 달리 말하면 1년의 5퍼센트 정도만 변화를 유지하고, 나머지 95퍼센트는 스스로를 질책하거나 인생이 달라지기를 바라기만 하며 보낸다는 뜻이기도 하다. 그렇다면 우리가 달라지지 못하는 이유는 무엇일까?

우리가 시작부터 잘못하는 이유

목표를 세우고 결심하는 건 쉽지만, 생각과 분리하기, 감정을 받아들이기, 마음챙김, 가치 찾기, 행동하기를 위한 심리적 유연성이 없다면 마치 눈을 가리고 비행기를 조종하는 것과 다름없다. 우리는 종종 다음의 과정을 거친다.

계획 없이 행동을 바꾸려 노력한다 → 동기를 잃는다 → 자기비판에 빠진다 → 포기한다 → 아무것도 바뀌지 않는다

일이 잘못되거나 곤란한 상황에서 당신을 이끌고 도울 수 있는 것은 자신 외에는 아무것도 없다. 당신이 다음과 같이 행동한다면 목표를 얼마나 빨리 포기해버릴지 쉽게 예상할 수 있을 것이다. 다이어트를 예로 들어 설명하겠다.

❶ 당신은 '살 빼는 건 너무 어려워.' '나는 지금 스트레스를 많이 받았어.' '이미 실수했기 때문에 계속해봤자 의미 없을 거야. 도넛 하나쯤 더 먹어버리자.'라는 생각에 빠진다.

❷ 당신은 도전적인 과제를 수행하는 데 따르는 반갑지 않은 감정을 경험하고 싶지 않다고 생각한다.

❸ 자신의 가치를 분명히 알지 못하고, 왜 살을 빼고 싶은지도 확실하지 않다.

❹ 목표를 세우고 습관을 굳히는 방법을 알지 못해 쉽게 포기해버린다.

❶~❸을 어떻게 극복해야 하는지는 이 책을 잘 읽었다면 이제 알 수 있을 것이다. 그럼 ❹에 관해 알아보자. 목표에 어느 정도 집중하긴 했지만, 마음이 계속 딴생각을 하는 게 문제라는 말인가? 하긴 오늘날 현대인들에게 가장 부족한 자질 중 하나가 집중력이 아닌가. 자, 그렇다면 생각을 다루는 법, 감정을 다루는 법, 관점을 갖는 법, 현재에 집중하는 법에 관해 이야기한 1장에서부터 6장까지 전부를 다시 읽고 오기를 권한다. '행동하는 삶을 사는 법'에 관한 기초를 알아보기 전

에 말이다. 그렇지 않으면 스스로에게 쉽게 실망하고 말 것이다. 하지만 시작도 하기 전에 너무 큰 부담을 가질 필요 또한 없다. 일단 가벼운 마음으로 계속 읽어 보자.

당신은 왜 같은 실수를 반복하는가

본격적인 주제로 넘어가기 전에 인생을 바꾸는 행동 분석의 마법을 한 가지 공유하고자 한다.[31] 당신이 왜 늘 같은 패턴으로 돌아가고 같은 행동을 반복하는지 알려주겠다. 두어 시간 동안 턱을 괴고 마치 수염 난 그리스 철학자처럼 스스로에게 다음의 질문을 한 적이 있는가? '도대체 나는 왜 변하지 못하는 걸까? 왜 인생은 아무리 노력해도 내가 원하는 대로 흘러가지 않는 걸까? 무엇이 문제일까?' 그렇다면 이건 바로 당신을 위한 이야기다.

당신의 모든 행동은 목적과 의도가 있다. 당신이 인지하든 인지하지 않든 말이다. 우리는 꽤 자주 우리가 특정 행동을 하는 이유와 그 행동을 반복하는 이유를 인지하지 못한다. 행동의 이유를 파악하기 위해서는 선행되는 일, 행동, 그리고 결과를 이해해야 한다.

- **선행되는 일** 행동을 촉진하거나 자극하는 것이다. 행동이 나타나기 바로 직전에 일어나는 일로, 상황이나 생각, 감정이나 신체 감각 등이 될 수 있다.
- **행동** 당신이 하는 행동을 말한다. 술 마시기, TV 보기, 먹기, 벽 응시하기, 턱수염 뽑기 등 관찰 가능한 행동들이 해당된다. 반면에 되새기기, 혼잣말하기, 걱정하기, 공상하기 등 내면에서 철저히 사적으로 일어나는 행동도 있다. 이런 행동은 다른 사람들이 쉽게 관찰할 수 없다.
- **결과** 행동의 결과로 따라오는 일이다. 이로 인해 행동이 반복되거나 증폭된다.

실생활에서 예를 들어, 당신이 자신의 직업에 만족하지 못하는 상황이라고 가정해 보자. 생계는 해결할 수 있지만 매일 움직이기 싫은 몸을 이끌고 꾸역꾸역 출근해야 하는 상황이다. 음식점을 여는 일, 시험을 준비하는 일, 전문의가 되기 위해 다시 학교에 가는 일 등 다른 진로를 찾는 데 많은 시간을 써 봤지만, 그중 어떤 것도 실행하지는 못했다. 현재의 불만족을 해소하기 위해 술을 마시고, 집에 틀어박혀 TV만 보고, 당신을 패배자처럼 느끼게 만드는 사람들을 전부 피한다. 삶의 목적과 의미가 없다고 느낀다. 그렇다면 어떻게 해야 할까? 먼저 당신의 문제들을 선행되는 일, 행동, 결과로 나눠 다음의 표와 같이 정리해 보자.

선행되는 일	행동	결과
상황		
생각		
감정	당신이 하는 행동	당신의 반응에 따른 결과
신체 감각		
충동		
상황 회사에서 보내는 최악의 나날들 생각 여길 떠날 수 없을 것만 같다. 하지만 이곳은 정말 견딜 수 없을 만큼 싫다. 감정 불안감 신체 감각 심장이 뛰고, 근육이 긴장하고, 멀미가 난다. 충동 이 감정을 없애고 싶은 충동	술을 마신다. 하루 종일 TV만 본다. 더 나은 직업을 가진 친구들을 전부 피한다.	단기적 결과 안도감이 든다. 이 문제를 감당하지 않아도 되고, 지긋지긋한 감정과 생각들이 사라진다. 술이 감각을 무뎌지게 한다. 잠깐 동안 문제를 잊을 수 있다. 장기적 결과 상황에 변화가 없다. 가치에 따라 삶을 살지 않는다. 똑같은 문제가 반복되고, 그렇게 또 한 해가 흘러간다.

여기서 주목해야 할 점은 모든 행동이 자기 강화의 결과를 가져온다는 것이다. 자기 강화는 똑같은 행동을 반복하게 만든다. 불안을 없애기 위해 술을 마시고 얻은 안도감이 바로 자기 강화의 결과다. 당신은 문제가 사라졌다고 환호하거나, '뭐가 문제야. 다 괜찮은 것 아닌가?'라고 생각할 수도 있다. 하지만 기뻐하긴 이르다. 결과 아래 도사리고 있는 것들을 보라. 장기적 결과 말이다.

자동 조종 모드가 켜지면 우리는 기분이 좋아지는 것에 집중하느라 원하지 않는 생각과 감정을 제거하고 반갑지 않은 상황에서 벗어나기 위해 애쓴다. 우리의 행동으로 장기적으로 어떤 의도치 않은 결과가 나타나는지는 미처 신경 쓰지 못한다. 자신의 가치에 따르지 않는, 의미와 목적이 사라진 삶이 반복되는지도 모르고 말이다.

똑같은 실수를 반복하지 않으려면

이제 확실히 알겠는가. 당신은 계속해서 같은 행동을 반복할 것이다. 그 행동이 단기적으로는 고통을 없애 주기 때문이다. 어떤 행동들은 스스로 인지할 수도 있고, 또 다른 행동들은 인지하지 못하는 채로 반복할 수도 있다. 분명한 사실은 의식적으로 변화를 만들지 않으면 계속해서 더 쉽게 반복을 거듭하고 만다는 점이다. 변화를 만드는 첫 번째 단계는 선행되는 일이나 촉진제에 대해 지금까지와는 다르게 반응하는 것이다. 앞에서 배운 대로 심리적 유연성을 발휘해 생각과 분리되고, 열린 마음으로 감정을 받아들이면 이전과는 다르게 반응할 수 있다. 오른쪽 표에서 어떻게 가능한지 알아보자.

이전과는 다른 반응을 통해 변화를 만들 수 있다면 당신은 행동 분석표에 새로운 열을 하나 추가한 셈이다. 이는 마치 뇌 속에 값비싼 부동산 매물 크기에 해당하는 공간을 확보한 것과 같다. 런던 중심부에 있는 정원과 수영장, 주차장이 딸린 방 다섯 개짜리 집과 같은 가치에 해당하는 정신적 자산이다. 그리고 이제 당신은 다음 열(가치에 따른 행동)을 생각할 수도 있다. 가치에 따른 행동은 당신의 가치와 일치하고, 실제로 의미 있는 변화를 가져오는 행동을 말한다. 오른쪽 표의 예시에서는 직장을 옮기겠다는 목표를 세우는 것이지만 당신의 가치와 일치하는 어떤 행동이든 될 수 있다.

선행되는 일	행동		가치에 따른 행동	결과
상황				
생각	당신이 하는 행동		마찬가지로 당신이 하는 행동	당신의 반응에 따른 결과
감정				
신체 감각				
충동				
상황 회사에서 보내는 최악의 나날들 생각 여길 떠날 수 없을 것만 같다. 하지만 이곳은 정말 견딜 수 없을 만큼 싫다. 감정 불안감 신체 감각 심장이 뛰고, 근육이 긴장하고, 멀미가 난다.	생각과 분리하기 감정 받아들이기 마음챙김	공간 그리고 선택 **다른 선택을 가능하게 만드는 머릿속 공간을 마음껏 즐기자.**	목표를 세운다. 문제를 해결한다. 마음챙김에 따라 신중한 결정을 내린다.	단기적 결과 자동 조종 모드에 의한 행동들을 더 잘 통제할 수 있다. 장기적 결과 이직하기 위해 노력한다. 현재의 일에서도 가치에 따라 행동한다. 건강을 챙긴다.

가치는 우리가 행동을 취할 때 자주 빠트리는 요소다. 가치가 빠져 있으면 아주 불가능한 것은 아니지만 새로운 행동을 계속해서 유지하기가 매우 어렵다. 설사 가능하다고 해도 자꾸만 외부적인 보상에 의존하려 한다. 외부적인 보상은 우리가 항상 통제할 수 있는 것이 아닌데도 말이다. 반면에 가치에 따라 행동하면 내면적인 보상이 따른다. 당신이 행동하는 이유는 그것이 당신에게 중요하기 때문이다. 이런 행동은 외부의 보상과는 상관없이 항상 당신이 직접 통제할 수 있는 것들이다.

새롭게 행동하기 위해 필요한 공간은 당신 스스로 확보해야 한다. 이제 회사, 건강, 관계, 학교, 공동체, 사회생활 등 삶의 영역 중에서 변화를 만들고 싶은 것을 하나 선택하자. 하나 이상 선택하면 무리가 될 수 있으므로 일단 하나에만 집중한다. 새로운 행동의 목적은 습관을 만들기 위한 것인데, 삶의 여러 영역에서 동시에 습관을 만들려고 시도한다면 쉽게 지칠 수 있다. 당신이 정말 변화를 만들고 싶다면, 시간과 에너지를 잡아먹는 공허한 약속들은 줄이자. 그리고 중요한 것에 집중하자. 그런 다음, 당신이 보여주고 싶은 가치가 무엇인지 생각한다. 그리고 글로 적어 보자. 항상 글로 적는 것이 중요하다. 이제 당신은 준비가 되었다. 지금부터는 목표를 제대로 세워야 한다.

현명한 목표 세우기

구체적이고(Specific), 의미 있으며(Meaningful), 달성할 수 있고(Achievable), 현실적이며(Realisitc), 기한이 정해진(Time-framed), 한마디로 현명한(SMART) 목표를 세워야 이룰 확률이 높아진다.[32]

● **구체적인가** 어떤 행동을 언제, 어디서 해야 할지 구체적으로 정한다. 멋진 몸매를 만들겠다고 말하는 것은 목표가 아니다. 막연한 꿈일 뿐이다. 목표는 이번 주에 세 번 월요일, 수요일, 금요일에 출근할 때 계단을 오르겠다고 말하는 것이다. 계획한 시간이 되면 무엇을 해야 할지 저절로 알 수 있도록 아주 구체적이어야 한다. 행동 계획을 미리 정해둠으로써 불필요한 결정 과정을 줄이고, 스스로를 설득해서 요리조리 빠져나갈 가능성을

없애면 목표를 달성하고 행동을 시작하기가 더 쉬워진다. 이 작은 행동들은 머지않아 생각할 필요 없이 실행할 수 있는 습관으로 굳어질 것이다.

● **의미 있는가** 목표는 가치에 따라 정해야 하고, 의미가 있어야 한다. 이 목표가 정말 당신의 목표인지, 혹시 다른 누군가의 목표는 아닌지 잘 생각해야 한다.

● **달성할 수 있는가** 당신은 목표를 달성할 수 있는 자원과 능력을 충분히 가졌는가? 만약 그렇지 않다면 목표를 달성하기 위해 어떤 일을 해야 하고, 또 어떤 일이 일어나야 하는가?

● **현실적인가** 건강, 시간, 돈과 같이 서로 상충하는 요소들을 고려했을 때, 이 목표가 현실적으로 실현 가능한가? 아니면 현실을 반영해 조금 더 실현 가능성이 높은 목표를 다시 설정해야 하는가?

● **기한이 정해져 있는가** 목표를 달성할 확률을 높이려면 무엇을 언제까지 이룰 것인지 아주 명확하게 설정하는 것이 중요하다. 목표를 이루기 위한 기한을 날짜와 시간으로 분명하게 정한다.

목표가 항상 행복을 가져오지는 않는다

오직 목표 달성을 목적으로 하면 장기적으로는 오히려 인생의 의미와 목적을 잃게 될 수도 있다. 당신이 그토록 갈구하던 바로 그 인생의 의미와 목적 말이다. 목표를 하나씩 달성하며 목록에서 지워나가는 일은 매우 매력적으로 들릴 것이다. 하지만 이것에만 집중한다면 궁극적으로 당신이 원하는 것을 찾지 못할 수도 있다는 점을 기억하자.

목표를 달성하고 원하는 것을 얻으면 곧 행복해질 거라는 생각 역시 주의해야 한다. 그런 생각은 당신을 현재에 집중하지 못하도록 방해할 것이며, 주의를 분산시킬 것이다. 또한 가치에 따라 행동하고 있다는 만족감에서도 자꾸만 멀어지게 할 것이다.

그런 생각과 분리되어, 달성하고 싶은 목표에 집중하는 만큼 당신이 보여주고 싶은 가치, 실천하고자 하는 가치에 더 빨리 도달할 수 있을 것이다. '어떻게' 하는지도 '무엇을' 하는지만큼 중요하기 때문이다.

환경부터 조성하라

행동을 바꾸는 일은 어렵다. 그러므로 효과적인 변화를 만드는 데 유리하도록 주변의 환경과 구조부터 조성하자. 나쁜 습관을 없애고 싶다면 그런 행동을 하기 어려운 환경을 만드는 것이다. 아무 생각 없이 스마트폰을 들여다보는 시간을 줄이고 싶은가? 그렇다면 현관문 바로 앞에 집에 들어오자마자 스마트폰을 충전할 수 있는 공간을 마련하는 건 어떨까? TV 보는 시간을 줄이고 싶은가? 그렇다면 벽에서 TV 전원선을 뽑고 리모컨을 항상 서랍에 넣어두는 방법도 있다.

새로운 습관을 만들고 싶다면 그런 행동을 하기 쉬운 환경을 조성한다. 운동을 더 자주 하고 싶은가? 그렇다면 현관문 앞에 운동 가방을 항상 준비해 둔다. 건강한 식단을 습관화하고 싶다면, 건강한 음식을 잘 보이는 곳, 손이 잘 닿는 곳에 두자. 과자나 사탕은 밀폐용기에 담아 찬장 제일 안쪽 절대 쓰지 않는 레몬 절임이 담긴 병 밑에 숨긴다. 미리 잘라 둔 당근을 냉장고 한가운데 둠으로써 건강한 식단을 방해하는 요소들과 귀찮음까지 없앤다. 건강한 식단을 위해 매번 마트에 가서 퀴노아나 가지를 사야 한다면 아마도 그렇게 못 할 가능성이 클 것이다. 스포츠 브라 하나를 찾는 데 20분이나 걸리다면 달리러 나갈 엄두가 나지 않을 것이다. 원하는 습관을 갖기 위해서는 장애물을 없애라. 원치 않는 습관을 버리기 위해서는 장애물을 추가하라.

습관을 연결하라

당신이 원하는 새로운 습관을 원래 있던 습관에 연결해 보자.[33] 스쿼트를 더 많이 하고 싶은가? 양치질하고 나서는 꼭 스쿼트를 하기로 계획해 보자. 매주 부모님께 안부 전화를 드리고 싶은가? 안부 전화를 토요일 아침 운동 시간 후에 하는 걸로 정하자.

일어나기, 양치질하기, 샤워하기, 커피 혹은 차 마시기, 출근 준비를 위해 가방 챙기기, 컴퓨터 전원 켜기, 출근 혹은 퇴근하기, 집에 와서 코트 벗기 등 촉진제가 될 수 있는 현재의 습관들을 잘 활용하자. 매일 습관적으로 하는 일들을 목록으로 만들고, 새로운 습관을 그 위에 얹어서 실행할 수 있는 확률을 최대한 높이는 것이다.

당신은 마음의 노예가 아니다

동기와 의지는 주의를 딴 데로 돌리는 데 선수들이다. 커졌다 작아지기를 반복하는 감정이나 감각들처럼 동기와 의지역시 때에 따라서 오고 가는 내면의 감정들일 뿐이다. 당신이 행동해야 할 때 동기와 의지가 거기에 있을 수도, 없을 수도 있기 때문에 당신은 때때로 막막한 기분을 느낄 수 있다. 내면의 목소리에 의존해서 의미 있는 행동을 할지 말지 결정하는 것은 만약 그날 하늘에 파인애플 모양의 구름이 보인다면 행동하겠다고 말하는 것과 마찬가지로 큰 의미가 없는 일이다.

하고 싶은 마음이 드는지 아닌지에 따라 결정하는 대신, 당신이 마음의 노예가 아니라는 사실을 기억하자. 당신의 마음이 어떤 말을 하든 상관없이 당신은 항상 자신의 행동을 통제할 수 있다. 이 사실을 지금 당장 증명할 방법이 있다. '나는 왼쪽 다리를 들어 올릴 수 없다.'고 스스로에게 반복적으로 말해 보자. 자, 이제 계속해서 다음과 같이 생각한다. '나는 절대 내 왼쪽 다리를 들어 올릴 수 없어. 그럴 수 없고, 그러지 않을 거야.' 그런 다음 왼쪽 다리를 들어 올려 보

자. 스스로 할 수 없고 하지 않을 거라고 말한 행동을 실제로는 할 수 있는 자신을 발견했는가. 당신은 당신의 팔과 다리로 무엇을 할지 그리고 어떤 말을 할지 스스로 통제할 수 있다. 당신의 마음이 당신에게 어떤 말을 한다고 해도 말이다. 만약 당신이 '당연한 소리지. 뭐 이런 뻔한 연습이 다 있담.' 하고 생각한다면 다음의 질문을 스스로에게 해보자.

당신의 마음이 '오늘은 계단으로 다니지 말자. 조금 더 컨디션이 좋을 때 해도 되고, 내일 해도 되잖아.'라고 말한다면 당신은 어떻게 행동할 것인가? 건강이 중요하기 때문에 그대로 계단을 오를 것인가? 아니면 엘리베이터를 타고 잠깐의 편안함을 누릴 것인가?

이제 왼쪽 다리는 내려놔도 좋다. 우리는 모두 인생에 새로운 변화를 가져오고 싶어 하면서도 때때로 마음에 통제당하고 만다. 당신은 가치에 기반을 둔 중요한 목표를 달성하고 싶은데 당신의 마음이 하기 싫다며 아랫입술을 삐죽 내민다면, 마음과 분리되어 행동을 직접 통제해 보자. 방금 왼쪽 다리를 들어 올린 경험이 이것을 기억하는 데 도움이 될 것이다.

조금씩 자주 하자

작지만 일관성 있는 행동이 하나의 큰 몸짓보다 중요하다. 성공하기 위해서는 잠깐씩 자주 행동해야 한다. 오늘부터 작고 쉬운 변화를 만든다 해도 바로 내일 엄청난 결과가 나타나지는 않을 수 있다. 하지만 매일 조금씩 변화하는 것은 분명 효과가 있다. 오늘 설탕을 적게 섭취한다고 해서 내일의 몸무게가 크게 달라지지는 않는다. 하지만 매일 조금씩 설탕을 줄인다면 몸무게에 변화를 가져올 수 있다. 마찬가지로 오늘 10분 동안 달리는 것이 바로 내일의 신체 기능 향상으로 이어지지는 않는다. 하지만 매일 10분씩 한 달 동안 달린다면 큰 변화를 실감할 수 있을 것이다.

사람들이 목표를 이루지 못하는 가장 흔한 이유 중 하나가 목표를 너무 어렵게 설정하고, 전체 과정 중 너무 이른 시기부터 과도하게 실행하려고 하기 때문이다. 새로운 목표를 세울 때는 당신이 할 수 있는 가장 작고 쉬운 변화부터 시작하자. 작고 쉬운 변화를 지속해서 큰 변화를 만들어 내자. 모든 단계가 진전이라는 사실을 기억하자. 또한 자기 강화의 결과도 잊지 말자. 각 단계에서 성공을 경험할수록 변화를 계속

할 확률은 높아진다. 이 작은 목표들은 당신이 올바른 방향으로 계속해서 나아갈 수 있도록 당신의 행동을 조정하고 또 조정해 줄 것이다.

관찰이 곧 변화다

스스로 정말 달라졌는지 알고 싶다면 경과를 계속해서 추적하고 관찰해야 한다. 가장 쉬운 방법은 핸드폰에 있는 메모 앱을 활용해 변화를 추적할 수 있는 장치를 만드는 것이다. 일단 쉽고 단순하게 시작하자. 당신이 창의력을 키우기 위해 일주일에 한 번 45분 동안 그림을 그리겠다는 목표를 세웠다면, 달성한 내용이 있을 때마다 기록을 남기면 된다. 이번 주에는 한 번도 달성하지 못했다면, 목표를 더 쉽게 조정해서 15분만 그림을 그리기로 한다. 반드시 현명한('SMART'한) 목표를 세우고, 목표를 달성하기 쉬운 환경을 조성하는 것도 잊지 않는다.

어느 날 당신이 45분 동안 그림 그리기에 성공했다면, 그때는 기준을 다시 조정해 다음 주에는 한 시간 동안 그리기로 하는 등 새로운 목표를 세운다. 경과를 측정하는 과정을 거치지 않으면 목표가 너무 어렵거나 너무 쉽다고 생각하며 모두 포기해 버릴지도 모른다. 관찰을 통해서라면 즉시 확인할 수 있고, 결과적으로 목표를 달성하기 위한 노력에 힘을 실을 수 있다.

회복탄력성은 다시 일어서는 과정이다

물론 행동하지 않는 날들이 몇 주 동안 이어질 수도 있다. 이미 실패했다고 생각하고 전부 포기해 버리는 것이 대단히 구미가 당기는 날이 올 수도 있다. 하지만 당신은 그동안 시행착오를 겪은 것이고, 이제 무언가 다르게 시도하면 된다.

당신은 스트레스에 관한 진정한 회복탄력성을 갈구할 것이다. 하지만 먼저 알아야 할 사실은 회복탄력성은 당신이 가질 수 있는 완전한 대상이 아니라는 점이다. 회복탄력성은 다시 일어서는 과정일 뿐이다. 슬픔, 두려움, 불안이 완전히 사라진 상태가 아니라, 그 모든 것들을 여전히 느끼면서도 함께 앞으로 나아가는 것이다.

회복탄력성(Resilience)이라는 단어는 '다시 튀어 오른다'라는 뜻을 가진 라틴어 'Resiliere'에서 파생했다. 어떤 상황에서도 결코 한 번도 넘어지지 않는다는 뜻이 아니다. 풍부하고 의미 있는 삶을 살고 싶다면 넘어짐도 그 일부가 되어야 한다.

이 책을 통해 당신은 정신적 유연성의 기술들을 배우고, 예상치 못한 일들이 벌어질 때 불가피하게 나타나는 생각과 감정을 다루는 방법을 터득했다. 이를 잘 활용한다면 어디서 길을 잘못 들었는지 쉽게 확인할 수 있을 것이다. 그리고 지금까지 소개한 기술은 앞으로 계속 나아가는 방법을 알려줄 것이다. 다음의 과정을 늘 생각하자.

심리적 유연성의 기술을 배운다

행동에 변화를 가져올 계획을 세운다

동기를 상실하고 자신을 비판한다

중요한 순간이라는 경적이 울린다

← 양 갈래 길에서 선택한다 →

행동하기 위한 기술과 심리적 유연성을 활용한다	마음이 하는 말을 믿고 포기한다
↓	↓
변화한다 변화가 생긴다	변화하지 않는다 변화가 생기지 않는다

당신이 그동안 배운 기술을 계속 활용한다면, 결국에는 변화를 만들 수 있다. 심리적 유연성이 항상 변화보다 먼저라는 점이 핵심이다.

핵심 정리

가능성을 제한하고 문제를 증폭시키는 행동 패턴을 파악하면 선택의 범위가 넓어지고, 다른 선택도 가능해진다. 내가 정말 중요하게 생각하는 가치와 일치하는 선택 말이다. 지금까지 배웠던 모든 기술을 동원하고, 장기적인 결과에 집중하며, 가치를 맨 앞에 두자.

8장

자기 자비를 실천하는 법

고통받는 친구를 돕듯
자신을 돌보자

때때로 나는 밤에 잠들지 못한 채 생각해. '왜 나일까?'

그러면 이렇게 대답하는 목소리가 들려.

"너만 겪는 일은 아니란다. 어쩌다 너의 차례가 왔을 뿐이지."

찰스 슐츠Charles Schulz, 《피너츠》 중에서 고통스러운 감정은 어디에나 존재한다. 나는 수많은 난민들을 만나며 선한 사람들에게 나쁜 일이 어떤 이유도 규칙도 없이 일어난다는 사실을 깨달았다. 우리는 타고난 몸과 마음을 직접 선택하지 않았고, 삶이 우리에게 안겨주는 고통 역시 선택하지 않았다.

'자기 자비'는 오래전부터 불교를 비롯한 여러 종교에서 근본이자 초석으로 여겨 온 가치다. 하지만 오늘날에는 다양한 심리적 고통을 치료하는 과학적인 방법으로 자리 잡았다. 자신 그리고 타인과 공감하는 완전히 새로운 방법을 받아들이고 인생에 의미 있는 변화를 가져오고 싶다면 계속 읽어 보자.

자기 자비란 무엇인가

'자기 자비'란 친절, 따뜻함, 애정을 발휘하여 스스로와 공감하는 방법이다. 고통받는 친구에게 자비를 베풀듯 자기 자신에게도 똑같이 자비를 베푸는 것을 말한다. 자기 자비의 이점은 상당히 주목할 만하다. 많은 연구에서 자기 자비를 실천한 사람들이 인생의 우여곡절과 마주했을 때 상대적으로 낮은 심리적 고통을 느꼈고, 더 큰 회복탄력성을 보였으며, 삶의 만족도도 더 높은 것으로 나타났다.

자기 자비는 주변 사람들에게도 도움이 될 수 있다. 자기 자비를 실천하는 사람이 그렇지 않은 사람보다 더 긍정적인 관계 행동을 보인다는 연구 결과도 있다. 자기 자비는 당신이 원하기만 한다면 마음대로 쓸 수 있는 심리적 초능력이다. 이상하게 자라는 발톱이나 파란 눈동자처럼 타고나는 것이 아니라 스스로 연습을 통해 개발하고 발전시킬 수 있는 능력이다.

저명한 자기 자비 연구가 크리스틴 네프Kristin Neff에 따르면, 자기 자비는 세 개의 각기 다른 상호 작용 요소들로 이루어져 있다.[34] 바로 자기 친절, 보편적 인간성, 마음챙김이다.

- **자기 친절** (자기비판과 반대로) 자신을 이해와 배려를 갖고 대하는 경향을 말한다. 스스로를 비판하거나 판단하는 대신에 말이다.
- **보편적 인간성** (사회적 고립과 반대로) 인간은 모두 실패하고 실수한다는 사실과 나 혼자만 그런 고통을 겪는 건 아니라는 사실을 인지하는 것이다.
- **마음챙김** (인지 과잉과 반대로) 이제 당신도 잘 알겠지만 현재에 집중하고 지금 이 순간을 인지하는 것이다.

자기 자비에는 세 개의 구성 요소가 있다. 여기까지는 어렵지 않다. 하지만 자기 자비를 이해하기 위해 한 걸음 더 나아가려면 먼저 우리의 뇌가 어떤 방식으로 작동하는지 알아야 한다. 그래야만 뇌의 작동 원리를 거스르지 않고 자기 자비를 잘 활용할 수 있다. 가장 먼저 이해해야 할 사실은 우리의 뇌가 기본적으로 세 가지 유형의 감정 조절 체계를 운영한다는 것이다.[35] 위협과 방어 체계, 충동 체계, 그리고 만족과 진정 체계다. 이 체계들이 어떻게 작동하는지, 각각의 체계가 활성화되었을 때 어떤 일이 일어나는지를 파악한다면 자기 자비를 발전시키기 위한 중요한 첫 번째 단계를 통과한 셈이다. 그렇게 하지 않으면 당신은 마치 맥북 사용자가 윈도 운영 체제를 쓸 때처럼 답답함을 느낄지도 모른다. 자기 컴퓨터를 이해하지 못하는 것만큼 난처한 상황은 없으니 말이다.

✅ 위협 체계

1장에서 설명한 '투쟁-도피 반응'이 바로 여기서 이루어진다. 당신이 위험(강도, 뱀, 많은 사람 앞에서의 발표, 직장을 잃을 거란 두려움)으로부터 도망치거나 위험에 맞서 싸울 때 이 체계가 작동한다. 위협 체계의 목적은 생명에 위협이 되는 위험들을 당신에게 알려주기 위함이다. 위협 체계가 활성화되었을 때 당신이 느끼는 감정에는 불안감, 분노, 공포, 역겨움 등이 있다.

이때 당신은 자신을 보호하고 살아남고 싶은 의지를 느낀다. 그 결과, 뇌는 당신이 주목하는 것(저기 모퉁이에 큰 이빨을 가진 무언가가 부스럭거린다.)과 당신의 생각(여차하면 죽을 수도 있겠어!), 당신의 행동(도망치거나 싸우거나 얼어버리기), 머릿속에 떠오르는 기억과 장면(자신이 포식자에게 무참히 희생되는 선명한 모습), 신체의 반응(도망치거나 싸울 준비를 하느라 심장이 빠르게 뛰고 숨이 가쁘고 근육이 긴장함), 그리고 당신이 느끼는 위협에 따른 감정(불안감)을 처리한다.

위협 체계는 마치 긴 막대기로 악어의 코를 찌를 때처럼 아주 쉽게 자극할 수 있다. 그리고 이것이 지금까지 우리를 생존하게 해준 장치이다. 문제는 이 체계가 신체적인 위협뿐만 아니라 자아에 대한 위협에도 반응한다는 것이다. 남들이 나를 가혹하게 대하고 비난할 때와 같이 외부적인 요인 때문일 수도 있지만, 자신을 스스로 공격하고 비난할 때 역시 이 체계가 작동한다. 다시 말하자면 몇 마디 혼잣말로도 우리를 생명의 위협을 느끼는 것과 같은 상태로 만들 수 있다는 뜻이다.

기능성 자기공명영상(MRI, 뇌의 활동을 측정하는 영상 기술)을 활용한 연구가 밝힌 바에 따르면, 우리의 뇌는 자기비판처럼 스스로 만들어 낸 위협에 대해서도 다른 사람들에게 비난받거나 실제로 신체적 위협을 느낄 때와 마찬가지로 반응한다. 마치 스스로 만들어 낸 조건들과 실제 삶에서 일어나는 일들을 구분하지 못하는 것처럼 말이다. 혼자 생각한 것일 뿐인데도 심장이 마구 뛰고, 근육이 긴장하고, 속이 뒤틀리는 등 신체적인 반응이 비슷하게 나타난다. 대단한 발견

아닌가? 당신은 자신의 의지로 스스로를 험악하게 대함으로써 위협 체계를 직접 활성화할 수 있다(그리고 그에 따라 당신의 감정, 생각, 의지, 행동에 영향을 미칠 수 있다). 당신이 위협 체계가 활성화된 상태로만 살아간다면 가치에 따른 행동을 선택할 수 있는 소중한 기회는 현저히 줄어들 것이다.

신체적 위협이 위협 체계를 활성화하는 것처럼 사회적 위협도 그렇다. 우리는 거절당하는 것을 두려워하도록 진화했다. 이것은 곧 무리에서 추방당할 수도 있다는 의미이기 때문이다. 인간은 본래 사회적인 동물이다. 수치심과 창피함, 굴욕감은 모두 사회적 위협의 결과로 발현하는 감정들이다. 이는 다른 사람들과 함께 있는 조건에서만 경험할 수 있다. 이런 감정은 다른 사람들과 비교해서 내가 부족하다고 생각할 때만 느낄 수 있으며, 결국 나는 쓸모없는 사람이라는 생각으로까지 이어진다.

진화 초기에는 사회적으로 거절당하는 것에 대한 위험이 곧 멸망을 의미했다. 우리의 조상은 다른 이들의 도움 없이는 수천 년 전의 매서운 툰드라 기후 속에서 살아남지 못했을 것이다. 위협으로부터 몸을 보호하거나 충분한 식량을 확보하지도 못했을 것이고, 특히 자식들을 챙겨야 하거나 몸을 다친 상황이라면 더욱 힘들었을 것이다. 그래서 오늘날 당신이 지나치게 생각이 많고 자기비판에 빠질 때면 당신의 뇌는 이미 설계된 대로 위협 태세에 돌입하고, 코르티솔과 아드레날린을 분비해 당신을 움직이게 만든다. 이런 위협이 오래가지 않고 당신이 빨리 정상적인 상태로 되돌아올 수 있다면 괜찮다. 하지만 하루에도 수천 번씩 찾아오는 스트레스로 위협 체계가 지속적으로 활성화된다면 아드레날린과 코르티솔이 쉴 새 없이 분비되고, 이는 우리의 정신적 안녕과 신체 건강에 상당히 부정적인 영향을 미칠 것이다. 이것이 바로 만성 스트레스다.

✅ 충동 체계

충동 체계는 성취를 위한 것으로, 당신이 음식, 안식처, 섹스, 우정 등과 같은 목적을 쟁취하도록 자극하는 역할을 한다. 직장에서 승진을 원하거나, 새 아파트를 장만하고 싶거나, 최신식 믹서를 사고 싶다고 느낄 때 작동하는 체계이기도 하다. 무언가를 원하고, 노력하고, 성취하는 과정 중에 나타나는 감정은 즐거움, 쾌락, 흥분 등이 있다. 이 역시도 진화를 위해서는 도움이 됐지만, 이 요소들을 지나치게 추구한다면 그 결과는 불만족으로 이어질 수밖에 없다. 현대 사회는 경쟁을 추구하고 남들과 자신을 비교하라고 강요한다. 그리고 이런 경향은 소셜 미디어를 통해 더욱 증폭된다. 그리고 우리가 원하는 것(좋은 직업, 집, '좋아요' 수, 돈)을 얻으면 기분 좋은 도파민이 분비되며, 힘이 나고 흥분되는 것을 느낄 수 있을 것이다.

가끔 (아니 사실 자주) 당신은 위협 체계를 통해 얻은 불쾌한 감정을 물질을 소유하거나 지위를 차지하는 것으로 해소하려고 시도할지도 모른다. 이것이 이 체계에 대한 유일한 반응으로 작용한다면 문제는 다음과 같다. 첫 번째, 단기적으로는 효과가 있을지 몰라도 세상에는 더 좋은 믹서가 너무도 많으니 문제다. 다른 의미 있는 가치를 추구하기 전까지는 믹서를 끝도 없이 사들일 수도 있을 만큼 말이다.

두 번째 문제는 갈망하던 것을 얻지 못하면 당신은 자신이 무능하다고 느끼고, 사회로부터 거절당할 수도 있다는 두려움을 느끼며, 당신이 가장 잘 아는 행동을 하게 된다. 바로 자신을 비난하며 위협 체계를 더욱 배부르게 만드는 것이다. 그러고는 이 상황을 해결하기 위해 다시 충동 체계로 돌아와 답을 찾으려 할 것이다. 반복적으로 러닝머신 위를 달리듯 우리는 계속해서 더 많은 것을 가지려고 하지만, 결과적으로 우리가 진정으로 바라는 평화, 안정, 만족감, 자기 수용의 감정은 절대 가게에서 사거나 공장에서 만들어 낼 수 없다. 이것이 당신의 이야기 같다면 당신은 아마도 위협 체계와 충동 체계 사이만을 오고 가며, 어느덧 우리 집에 물건이 왜 이렇게 많이 쌓였는지 의아해 할지도 모른다.

✅ 진정 체계

이곳은 마술 같은 일이 일어나는 곳인데도 아무도 들어본 적 없는 바로 그런 곳이다. 진정 체계는 만족감 그리고 가장 중요한 안정감과 연결되는 체계다. 무언가 원하지 않고 지금 상태 그대로여도 충분히 괜찮은 그런 곳이다. 너무 멋지지 않은가? 아무것도 갈망하지 않는다는 것 자체가 정말 좋은 것 아닌가?

진정 체계는 포유류가 진화하는 과정의 산물이다. 새끼들이 알아서 크도록 내버려 두고 자기 갈 길을 가버리는 파충류와는 다르게 포유류는 자손들을 애정으로 보살핀다. 비록 우리도 먼 옛날에는 파충류였지만 말이다. 생존에 강점이 있는 위협 체계는 우리 뇌에서 파충류의 뇌에 해당하는 부분이다. 하지만 포유류인 인간은, 우리를 따뜻함과 상냥한 목소리, 부드러운 손길로 돌봐주는 부모를 통해 안정감과 만족감을 느낄 수 있다. 코로나 팬데믹으로 인간적인 접촉이 줄어든 것은 우리의 일상에 생각보다 큰 영향을 미쳤다. 인간이 본능적으로 타인과의 접촉을 추구하도록 학습되었기 때문이다. 포유류 본연의 보살피는 습성이 우리의 진정 체계를 활성화하고 옥시토신을 분비한다. 정서적 안정을 통해 우리는 충동 체계를 현명하게 활용할 수 있고, 더 나은 삶을 살아갈 수 있다.

진정 체계가 활성화되면 휴식하고 소화할 수 있는 시간과 공간이 확보된다. 인간 외의 다른 포유류들은 스트레스 상황(포식자로부터 도망치기) 이후에 잠깐 휴식하며 영양분을 섭취하고, 이를 통해 체력을 회복한다. 사자의 공격에서 겨우 살아남은 영양은 치열한 '투쟁-도피 반응'을 경험하고도 위험에서 벗어난 다음에는 휴식을 취하고 풀을 뜯으며, 근처 물웅덩이에서 물도 한 모금 마시는 모습을 보인다. 영양은 사자가 왜 자신을 공격했는지, 도망친 자신이 얼마나 바보 같은지, 그리고 내일 또 같은 일이 일어날 것인지 친한 친구와 수다를 떨지 않는다. 자신의 행동을 판단하고 스스로를 비난

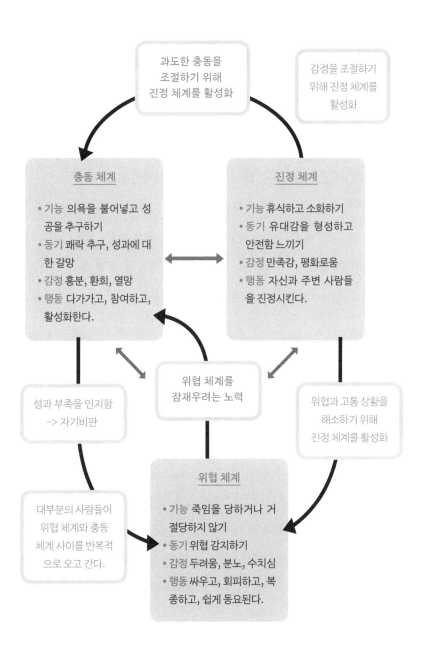

과도한 충동을
조절하기 위해
진정 체계를 활성화

감정을 조절하기
위해 진정 체계를
활성화

충동 체계

- 기능 의욕을 불어넣고 성
  공을 추구하기
- 동기 쾌락 추구, 성과에 대
  한 갈망
- 감정 흥분, 환희, 열망
- 행동 다가가고, 참여하고,
  활성화한다.

진정 체계

- 기능 휴식하고 소화하기
- 동기 유대감을 형성하고
  안전함 느끼기
- 감정 만족감, 평화로움
- 행동 자신과 주변 사람들
  을 진정시킨다.

위협 체계를
잠재우려는 노력

성과 부족을 인지함
-> 자기비판

위협과 고통 상황을
해소하기 위해
진정 체계를 활성화

대부분의 사람들이
위협 체계와 충동
체계 사이를 반복적
으로 오고 간다.

위협 체계

- 기능 죽임을 당하거나 거
  절당하지 않기
- 동기 위협 감지하기
- 감정 두려움, 분노, 수치심
- 행동 싸우고, 회피하고, 복
  종하고, 쉽게 동요된다.

하지도 않는다. 위협 체계를 계속해서 활성화 상태로 두는 것은 오직 인간에게만 있는 능력이다. 이를 통해 우리는 상황을 계속 악화시키곤 한다.

스스로 공격의 말을 던지는 순간이나 주변 사람들에게 감정적으로 공격받는 순간, 단순히 충동 체계만을 이용해서 위협 체계를 진정시키려 해서는 안 된다. 발전하는 삶, 번영하는 삶을 살기 위해서는 위협 체계, 충동 체계, 진정 체계 사이에서 균형을 찾아야 한다. 자기 자비의 행동을 통해 진정 체계를 활성화하는 것이 가장 좋은 방법이다.

우리에게는 양날의 검 같은 능력이 있다

인간의 뇌는 때때로 일을 더 복잡하게 만든다. 우리가 상상하고, 계획하고, 환상을 품고, 미래를 계획하고, 꿈을 펼칠 수 있게 하기 때문이다. 1장에서 다룬 뇌의 작동 원리를 떠올려 보면 이해하기 쉬울 것이다. 인간을 다른 동물들과 구분할 수 있게 해주는 능력이지만, 이것은 우리의 감정 조절 체계와 협력하여 대단한 인류애를 보여주는 행동으로도, 극악

무도의 잔인함을 보여주는 행동으로도 이어질 수 있다. 사람들에게 행할 끔찍한 만행들을 생각하고, 계획하고, 실행에까지 옮기는 능력은 위협 체계를 통해 나타난 분노와 뇌의 계획 능력이 합작한 결과다.

전 세계의 악인들이 행하는 만행들을 볼 때면 나는 어김없이 몸서리를 치고 만다. 반면, 믿기 힘들 정도로 위대한 인류애, 회복력, 관용의 사례들을 접할 때면 언제나 큰 영감을 얻는다. 인간에게는 끔찍한 만행과 아름다운 선행 모두를 실행할 능력이 있다. 우리가 우리의 뇌와 감정, 욕구를 어떻게 다루고 관리하는지에 따라 결과가 달라질 뿐이다. 세상의 모든 어둠을 뿌리 뽑을 수는 없을지라도, 적어도 밝은 부분을 더 크고 환하게 만들 수는 있다. 우리의 뇌가 어떻게 작동하는지 이해하는 것이 그 첫 번째 단계다.

감정 조절 체계에 관해 알아야 할 가장 중요한 사실은 당신에게 선택권이 없다는 것이다. 이는 뇌의 나머지 부분들 및 당신의 신체와 마찬가지로 태초부터 당신에게 주어진 것들일 뿐, 당신의 몸과 마음이 이렇게 복잡하고 까다로운 구조와 체계를 타고난 것은 당신 탓이 아니다. 모두 진화의 결과일 뿐이다. 그러므로 당신은 이 체계의 작동 방법을 통째로 바꿀 수는 없지만 이에 대해 어떻게 반응할지는 선택할 수 있다.

우리 뇌의 자기 인식 능력을 활용해 당신과 주변 사람들에게 큰 고통을 주는 비합리적이고 해로운 습관을 깨고 행동을 변화시키는 것이다. 한마디로, 당신은 마음의 작동 방식을 거스르지 않고 그에 따라 살아가는 법을 배울 수 있다. 그것은 당신에게 큰 자유를 가져다줄 것이다.

자기 자비에 관한 오해

'자비'가 좋은 것이라고 생각하는가? 도움이 되는 것이 맞을까? 코로나 시대에는 자비가 어떤 역할을 했을까? 당신은 아마도 자비가 꽤 괜찮은 것이라고 생각할 것이다. 특히, 고통받거나 죽어가는 환자들을 보살피느라 개인 보호 장구 속에 갇혀 최선의 노력을 다한 의료진들을 떠올리면서 말이다. 그러면 자기 자비는 어떤가? 어떤 생각이 드는가? 자기 자비라고 하면 많은 사람이 발가락이 오그라드는 기분을 느낄 것이다. 그저 엄청난 자아도취 혹은 방종이 아닌가? 과거에는 나 역시도 '세상이 망해가든지 말든지 상관하지 않고 향초나 피우고 목욕물에 장미 꽃잎을 띄우며 얼굴 마사지를 하는 꼴 아닌가?'라고 생각하며 코웃음 쳤을 것이다. 그때는 자기 자비의 진정한 의미를 제대로 알기 전이었고, 그것이 사람들의 삶에 상당한 변화를 가져올 수 있다는 강력한 증거를 알기 전이었다.

하지만 자비 자비를 이해한 후로는 이 주제에 너무 매료된 나머지 박사 학위 논문을 쓰기도 했다. 박사 논문을 쓰는 것만큼 무언가를 극도로 증오하게 만들 수 있는 일이 또 없다고들 하지 않는가. 마치 지하철역에서 길을 막고 선 사람들이나 범죄자들에게 독을 품은 증오를 느끼듯 자기 자비를 미워하게 될 수 있었는데도, 내가 아직 자기 자비를 긍정적으로 생각하는 것은 모두 자기 자비의 덕이다. 가능하다면 자기 자비를 우리 집에 초대해 우아하게 차 한잔 마시자고 제안하고 싶을 정도다. 하지만 여전히 의심 가는 부분들이 있다는 것도 알기에 그 오해들을 하나씩 풀어보려 한다.

✅ 자기 자비는 방종이 아니다

사람들이 자기 자비를 실천하지 않는 가장 큰 이유는 자비가 지나쳐 방종에 빠질까 두렵기 때문이다. 그들은 자신이 삶에 대한 모든 의욕을 잃어버린 채 대낮에 팬티만 입고 소파에 앉아 양치도 하지 않은 치아 사이에서 어제 먹은 배달 음식 찌꺼기를 골라내고, 굶주린 자녀들은 음식을 찾아 헤매다 옆집 휴지통까지 뒤지게 되는 지경이 될까 두려운 것이다. 하지만 사실은 그들의 생각과 많이 다르다. 자기 자비와 방종 사이의 거리는 보리스 존슨Boris Johnson(제77대 영국 총리. 헝클어진 머리 스타일로 유명하다. – 옮긴이) 총리와 머리빗 사이의 거리보다도 더 멀다.

대부분 부모들은 알 만한 상식인데, 자녀를 비난하는 것은 아이가 최선을 다하도록 격려하는 방법이라고 할 수 없다. 아이가 학교 오케스트라의 목관악기부에 들어가지 못해서 혹은 지역 대회를 얼마 앞두고 티들리윙크스Tiddlywinks(손바닥만한 원반으로 더 작은 원반들을 튕겨 컵 속에 넣는 게임 – 옮긴이) 선수단에 뽑히지 못해 눈이 퉁퉁 붓도록 울고 있는데, 현실을 받아들이고 더 잘할 생각이나 하라고 말한다면 아이들의 동기 부여에 장기적으로나 지속적으로 전혀 도움이 되지 않을 것이다. 물론 어떤 아이들은 이에 반응해서 뒤늦게 방법을 찾고 결국 전교생들 앞에서 클라리넷을 멋지게 불지도 모른다. 부모의 의기양양한 미소를 마주한 채로 말이다. 하지만 그렇게 하는 과정에서 아이는 스스로 동기 부여하는 방법을 터득할 기회, 자신과의 건강한 관계 정립, 그리고 부모와의 관계를 희생했어야만 할 것이다.

내 말이 잘 와닿지 않는다면 위대한 알렉스 퍼거슨 경Sir Alex Ferguson의 말을 생각해 보자. 맨체스터 유나이티드의 전성기에 감독을 맡았던 것으로 잘 알려진(나는 그렇다고 믿는다. 다른 의견이 있다며 내게 편지를 보내지 마라.) 그는 선수들에게 소리 지르기로도 꽤 유명하고, 부드럽게 말하지 않기로도 유명하다. 그런 그가 동기 부여에 관해 한 말이 있다.

"쓴소리를 듣고 싶은 사람은 아무도 없다. 비난을 듣고 실력이 느는 사람은 극히 소수고, 대부분은 격려의 말을 들어야 반응한다. 그래서 나는 할 수 있을 때는 격려하려고 노력한다. 선수들뿐만 아니라 사실상 세상 어떤 누구에게도, '잘했어!'라는 말보다 더 듣기 좋은 말은 없다. 세상에 존재하는 단어들 중 가장 듣기 좋은 한 단어가 아닌가."[36]

소리 지르기로 유명한 알렉스 경도 누군가에게 동기를 부여하기 위해 비난을 활용하지 않는데, 당신은 왜 자기 자신을 동기 부여하기 위해 스스로를 비난해야 하는가? 행동하는 법을 다룬 7장에서 자기 강화의 결과에 관한 내용을 기억해 보면 어쩌다 한 번은 그 방법이 통했기 때문에 그렇게 생각할 수도 있다. 아마 당신이 그렇게 하도록 학습해 왔기 때문일 수도 있다. 그리고 자기 자비가 스스로에게 지나치게 관대한 방종처럼 느껴졌기 때문일 수도 있다.

최악의 경우, 당신은 도전에 실패했을 때 날아들 자기비판의 일제 사격이 두려워 아예 도전할 엄두를 내지 못할 수도 있다. 이 영역과 관련해서 다양한 바를 시사하는 학계 연구들이 많다. 자기 자비를 실천하는 사람들은 그렇지 않은 사람들과 마찬가지로 높은 목표를 세우는데, 목표를 달성하지 못했을 때 그들만큼 좌절감이나 고통을 느끼지 않는다는 연구도 있다.[37]

자기 자비는 학문에 접근하는 적합한 방법과도 연관이 있다.[38] 자기 자비의 수준이 높은 학생들은 실패한다 해도 그 상황을 더 잘 받아들이고 이를 배움의 기회로 활용한다. 책상 밑에 숨어서 머리카락을 한 움큼씩 쥐어뜯으면서도 분노를 이기지 못하고 지나가는 사람에게 발길질을 하려고 하는 대신 말이다. 머리카락과 발길질 이야기는 사실 연구에 나온 내용은 아니지만 내가 무슨 말을 하고 싶은지 당신은 이해했을 거라 믿는다. 자기 자비가 습관이 된 사람들은 이상이 높고, 일이 잘 풀리지 않더라도 회복탄력성을 더 잘 발휘한다.

✅ 자기 자비는 자신감과도 다르다

자신감은 우리가 다른 사람들에 비해 스스로를 얼마나 더 긍정적으로 생각하는지를 나타내는 척도다. 언제부턴가 자신감 열풍이 불어 그것이 마치 행복의 열쇠라도 되는 것처럼 사람들을 사로잡은 듯하다. 서점에서 자기 계발서가 꽂힌 서가 사이를 터덜터덜 걷다 보면 핵탄두로도 흠집 낼 수 없을 정도의 막강한 자신감을 기르는 방법에 관한 책을 쉽게 발견할 수 있을 것이다. 그런데 안타깝게도 이 열풍에는 심각한 단점이 있다.[39] 자신감에 치중하면 자아도취에 빠질 가능성도 크다는 점이다.

이것은 자신감을 높게 유지하려는 사람들이 자신보다 사회적으로 낮은 위치에 있는 사람들과 자신을 비교함으로써 자신감을 채우려 하기 때문이다. 자신이 더 우월하다는 기분을 느끼기 위해 다른 이들을 비웃는 것이다. 게다가 자신감은 상황이 좋을 때만 당신의 친구가 된다. 일이 잘 풀릴 때는 "새로 산 내 오픈카에 타. 우린 해변으로 갈 거고, 너는 기분이 좋아질 거야. 내가 간식도 준비했어."라고 말할 것이다. 그런데 일이 잘 풀리지 않으면 "나 다른 애랑 놀기로 했어. 개가 너보다 더 잘 나가거든."이라고 할 것이다. 자신감은 당신이 좋은 상황에 있을 때는 멋진 친구가 되어 주고 안정적으로 그 자리에 있겠지만, 그렇지 않은 상황에서는 완전한 배신자가 되기도 한다.

✅ 자기 자비는 자기 연민과 다르다

자기 연민은 또 다른 사회적, 심리적 두려움의 대상이다. 만약 내가 나의 처지를 한탄하며 아랫입술을 삐쭉 내밀고 다닌다면 어떨 것 같은가? 자기 자비는 자기 연민과 단짝 친구가 아니다. 자기 연민을 느끼는 것은 자신의 문제에 너무 많이 몰입하고 압도되는 것으로, 자기 자비 연구가 크리스틴 네프는 이를 '과잉 인지'라고 정의했다.

자기 자비를 실천하는 사람들은 곤경을 침착하게 직면하고 고통에 압도되지 않도록 상황을 한걸음 물러나서 생각할 줄 안다. (바닥에 널브러져 고통으로 몸부림치고, 고행자들이 입는 것 같은 거친 모직 셔츠를 가슴팍에서 쥐어뜯으며 "오, 처량한 여인이여!"라고 그리스 비극의 한 장면처럼 울부짖지 않는다.) 그 결과 자신을 용서하기, 마음챙김, 타인과 공감하기 등 폭넓은 범위의 행동이 가능해진다. 삶의 가치와도 일치하는 행동을 보일 수 있으며, 그 안에 자기 연민이 파고들 틈은 없다.

특히 여성들은 남들에게는 자비를 잘 베풀면서도 자신에게는 그렇지 않은 경향을 보인다. 이것은 다른 사람들의 필요를 항상 우선하는 습관 때문이다. 이는 번아웃으로 가는 일방통행로를 달리는 것과 같다. 빈 컵에서는 물을 따라낼 수 없다는 말은 진부하긴 하지만 어쨌든 사실이다. 자기 자신은 물론, 사랑하는 이들, 동료, 공동체, 그리고 세상에 대한 자신의 영향력이 충분히 지속되길 원한다면 자기 자비를 통해 먼저 충분히 지속적으로 스스로를 보살펴야 한다.

자기 자비를 일상에 적용하는 법

이쯤에서 자기 자비를 행할 때의 이점들이 당신의 삶 그리고 주변 사람들의 삶을 이롭게 할 수 있다는 사실을 이해하기 바란다. 이제 다음의 방법에 따라 자기 자비를 실제로 일상에 적용할 일만 남았다.

✅ 균형 찾기

단순히 당신의 감정 조절 체계를 인지하고, 체계의 균형이 깨지는 순간을 알아채는 것만으로도 놀라운 변화를 가져올 수 있다. 당신의 행동에 영향을 주는 것이 무엇인지 이해할 수 있고, 이것을 인지하고 나면 한 발짝 뒤로 물러나 생각할 수 있다. 감정의 노예가 되지 않고 주어진 상황에 도움이 되며 가치에 기반을 둔 행동이 어떤 것인지 결정할 수 있다.

✅ 진정 효과가 있는 리듬 호흡법

위협 체계에 돌입하면 심장이 빨리 뛰고 호흡이 가빠진다. 다음의 호흡법[40]은 위협 체계를 통제하고 스트레스 반응을 완화하는 데 도움이 된다. 또한 진정 체계를 작동시켜 안전하다는 느낌이 들게 한다. 호흡을 리듬에 맞춰서 조절하는 것이 핵심이다. 제목에 단서가 있다.

- 조용한 장소를 찾아 편안한 자세로 앉는다. 갑자기 통신망이 끊어져 통신사에 문의할 때 상담원과 직접 통화를 하려면 무던히 노력해야 하는 상황처럼, 만만치 않은 상황에서도 이 연습을 할 수 있을 만큼 숙련되기 전

까지 적어도 초반에는 일단 조용한 환경에서 시작하자.

- 코로 숨을 들이마시고 내쉬기 시작한다.
- 숨을 내쉴 때 횡격막에 손을 얹고 어깨는 그대로 둔 채 배를 홀쭉하게 해서 숨을 밀어낸다고 상상한다.
- 넷까지 세면서 숨을 들이마신다.
- 넷까지 세면서 숨을 내쉰다.
- 최소 1분 동안 이 과정을 반복한다.

익숙해지면 시간을 5분이나 그 이상으로 늘려 보자. 천천히 호흡하고 깊게 숨 쉬며 마음과 몸이 차분해지고, 뇌에 안전 하다는 메시지를 보낼 수 있도록 하는 것이 핵심이다.

안전한 장소를 그려 보자

이미지의 시각화를 통해 안전하다는 느낌을 더욱 강화할 수 있다. 뇌는 우리 머릿속의 이미지에도 실제 일어나는 일에 반응하는 것과 사실상 똑같이 반응한다. 머릿속의 장면이 실 제가 아니라는 것을 알면서도 말이다. 현실에서 실제로 경험을 거쳐야만 감정을 느낄 수 있는 것이 아니라, 머릿속에 장면을 떠올리기만 해도 같은 감정을 느낄 수 있다는 뜻이다.

하루 종일 침대에 누워서 휴가를 떠난 장면을 떠올리며, 실제로 휴양지에 와 있다고 스스로를 믿게 만들 수 있다는 뜻은 아니다. 하지만 그런 장면을 떠올리며 신체 반응을 진정시키고, 위협 체계를 누그러뜨릴 수는 있다는 의미다. 중요한 점은 당신이 상상하는 장면에 따라오는 신체 감각들이 생생해야 한다는 것이다. 그러니 멋진 장면을 아끼지 말고 상상하자.

- 먼저 몇 분 동안 진정을 위한 리듬 호흡법을 실시한다.
- 눈을 감고 안전하다고 느끼는 장소를 떠올린다. 한 번도 가본 적 없는 곳일 수도 있고, 이미 아는 장소일 수도 있다. 어디든 괜찮다. 바다가 보이는 해변, 숲, 초원, 집 등 당신이 안전한 장소면 된다.
- 주변에 보이는 것들을 최대한 자세하고 생생하게 그려보자. 뇌가 그 장면에 반응할 수 있도록 상세하게 그리는 것이 중요하다. 빛, 그림자, 눈에 보이는 색감들까지 떠올려 본다.

- 그런 다음 귀에 들리는 소리에 집중한다. 어떤 소리가 들리는가? 이 장소에서 들을 수 있는 가장 큰 소리는 무엇인가? 가장 조용한 소리는 무엇인가? 소리가 가까이에 있는가 아니면 멀리 있는가?

- 냄새는 어떤가? 바다 냄새인가? 신선한 꽃향기인가? 맑은 공기가 느껴지는가?

- 이 장소에서 느낄 수 있는 촉감은 무엇인가? 피부에 느껴지는 것이 있는가? 발밑은 어떤가? 신발과 양말을 벗은 채 발바닥으로 땅을 딛는 느낌을 상상해 보자.

- 몸의 긴장을 푼다. 얼굴에는 온화한 미소를 지어 보자.

- 마지막으로 이 장소가 당신을 환영한다는 사실을 인지한다. 당신은 그곳에 잘 맞고, 그곳에서 전적으로 평화롭고 안전하다.

✅ 자비의 이상형 떠올리기

고통의 순간에 진정 체계를 더 효과적으로 활성화하기 위해 완벽한 '자비의 이상형'을 만들어 보자.[41] 자비의 이상형은 사람일 수도 있고, 아닐 수도 있다. 사람이든 사물이든 당신이 원하는 대로 정하고 어떤 모습이 당신에게 더 잘 와닿는지 자유롭게 떠올려 보자.

내 생각에는 미셸 오바마와 니겔라 로슨Nigella Lawson(영국의 유명한 요리 작가 – 옮긴이), 그리고 포지 베어Fozzie Bear(〈더 머펫 쇼The Muppet Show〉의 캐릭터 중 하나. 순진하고, 실없는 농담을 한 다. – 옮긴이)를 섞어 놓은 모습이 딱일 것 같다.

어떤 모습이든지 당신의 이상형은 떠올리는 것만으로도 마음이 편안해지고 관심과 보살핌을 받을 수 있을 만한 모습이어야 한다. 본격적인 연습을 시작하기 전에 몇 가지만 짚고 넘어가자. 당신의 이상형은 다음과 같은 자질을 가져야 한다.

- **지혜** 인간의 특성을 이해하는 지혜가 있다. 복잡하고 서로 충돌하기도 하는 감정, 생각, 반응, 욕구를 가진 당신을 이해하고, 이 모든 것들을 감당하는 방법도 알고 있다.
- **강인함** 당신이 느끼는 기쁨과 괴로움을 모두 포용할 수 있고 어떤 상황에서도 당신을 보호해줄 만큼 강인하다.
- **따뜻함** 당신을 향한 자애로움과 애정을 품고 있다. 당신을 상냥하게 대하고 마음을 편안하게 한다.
- **판단하지 않는 자세** 당신을 비난하지 않고, 섣불리 판

단하거나 비판하지도 않는다. 당신을 있는 그대로 받아들이고 당신의 안녕에 온전히 집중한다.

이와 같은 자질들을 마음에 되새기며 자비의 이상형을 완성해 보자. 이때 다음의 질문들을 참고하면 좋다.

- 당신의 자비의 이상형은 어떤 모습인가?
- 나이는 몇 살이었으면 하는가?
- 성별은 무엇인가?
- 사람이었으면 하는가 아니면 사물이 더 잘 와닿는가?
- 자비의 이상형이 어떤 말을 하는가?
- 목소리는 어떤가?
- 차분한가? 강인한가? 부드러운가?
- 향기는 어떤가?
- 촉감은 어떤가? 자비의 이상형이 손에 닿는다고 상상하면 어떤 느낌이 들 것 같은가?
- 고통스러운 상황에서 자비의 이상형이 당신을 어떻게 위로해 주었으면 하는가? 그때 그 혹은 그녀는 어떤 표정을 짓고 있는가?

평소 자비의 이상형을 떠올리는 연습을 미리 해두는 것이 좋다. 그래야만 실제로 위협 체계를 진정시키고 진정 체계를 발휘해야 하는 고통스러운 상황에서도 더욱 손쉽게 그 모습을 불러올 수 있을 테니 말이다.

나에게 필요한 것은 무엇인가

충분히 안정을 취한 다음에는 다음과 같이 스스로에게 질문해 보도록 하자.

- 안전하다고 느끼기 위해 나에게는 무엇이 필요한가?
- 스스로를 진정시키기 위해서는 무엇이 필요한가?
- 현재에 집중하기 위해서는 무엇이 필요한가?
- 불편한 감정에서 벗어나기 위해서는 무엇이 필요한가?
- 지금 내가 나 자신에게 할 수 있는 가장 자애로운 일은 무엇인가?

한 가지 주의할 것이 있다. 질문할 때는 목소리에 유의하자.

상냥함과 친절, 참을성을 담은 목소리로 나 자신에게 말을 건네자.

⊙ 자비의 손길

인간은 서로의 손길을 통해 안정을 찾도록 진화했다. 타인의 따뜻한 손길은 위협 체계를 진정시키고 진정 체계를 활성화하는 역할을 한다. 부모가 아이를 부드러운 손길로 진정시키듯 당신도 다음의 방법으로 스트레스 상황에서 스스로를 진정시킬 수 있다.[42] 처음에는 조금 이상하게 느껴질 수도 있으니 공공장소에서 자신의 신체 부위를 쓰다듬기 전에 집에서 먼저 연습해 보자.

- 스트레스가 느껴지면 먼저 심호흡을 두세 번 한다.
- 살며시 가슴에 손을 얹고, 손의 약한 압력과 따뜻한 온도를 느껴 보자. 원한다면 양손을 가슴에 얹고 한 손을 얹었을 때와 두 손을 얹었을 때 차이가 있는지도 느껴 본다.
- 가슴에 닿은 손의 촉감을 인지한다. 원한다면 손으로 작은 원을 그리며 가슴을 쓰다듬어도 좋다.

- 숨을 들이쉬고 내쉬는 동안 가슴이 저절로 올라가고 내려가는 것을 인지한다.
- 원하는 만큼 촉감을 느끼며 지속한다.

가슴에 손을 얹는 게 별로라면 팔이나 얼굴을 가볍게 쓰다듬어도 좋다. 무엇이든 당신이 편한 대로 하면 된다. 다른 생각을 하느라 웃음이 나올 수도 있지만 최대한 진지하게 시도해 보자.

✅ 자기 자비 안에서 휴식하기

이 연습을 위해 고통스러웠던 기억을 의도적으로 떠올려도 되고, 실제로 고통스러운 감정을 느끼는 순간에 이것을 시도해도 된다. 당신은 치매 환자를 간병하는 중일 수도 있고, 중환자실에서 일할 수도 있고, 아니면 그저 힘든 시기를 보내는 중일 수도 있다. 당신이 느끼는 감정들을 밀어내기 위해 미니 킷캣 초콜릿 100개를 먹어 치우는 대신 다음과 같이 자신에게 말해 보자.[43]

- 자, 여기 고통의 순간이 있다. 나는 고통받고 있다. 하

지만 이 순간은 지나갈 것이다.

● 나는 혼자가 아니다. 모든 인간은 고통받는다. 이는 삶의 일부다. (이렇게 말하면 세상의 모든 사람들과 마찬가지로 당신이 겪는 고통은 삶의 일부고, 피할 수 없다는 사실을 깨달을 수 있다. 가슴에 손을 얹거나 진정에 도움이 되는 무엇이든 활용하며 연습을 이어가 보자. 대체할 수 있는 문장으로는 '다른 사람들도 이렇게 느낀다.' 또는 '우리는 모두 살면서 고통을 겪는다.'가 있다.)

● "내가 스스로에게 친절을 베풀 수 있기를."이라고 말한다. (이 문장 외에도 당신의 상황에 더 잘 맞는 다른 문장을 활용해도 된다. '내가 나를 용서할 수 있기를.'이나 '내가 인내심을 가질 수 있기를.'도 있다.)

● "나 자신에게 해가 되기보다는 도움이 되기를."이라고 말한다. (나는 당신이 스스로의 대단함과 세상을 깜짝 놀라게 할 만한 근사함을 내세우며 긍정적인 자기 확신을 갖는 것보다 이런 말을 하는 것이 더 낫다고 생각하는데, 모든 인간이 공통적으로 경험하는 현실을 더 잘 반영하기 때문이다. 또한 마음의 작동 방식을 거스르지 않고 오히려 그에 더 잘 맞게 작용하기 때문이다.)

✅ 번아웃 이겨내기

자기 자비를 실천하지 않았다면 나 역시도 진작에 번아웃을 경험했을 것이다. 자기 자신을 스스로 돌보지 않는다면 당신이 구호 활동가든 부모든 구급대원이든, 다른 사람에게 도움을 주는 역할을 지속할 수 없다.

자기 자비는 따뜻한 목욕물과 향초를 뛰어넘는 훨씬 더 의미 있는 차원의 자기 보살핌이다. 당신이 스스로의 감정을 인지하게 돕고, 자신의 다양한 약점을 마주할 수 있게 하며, 결과적으로 자신에게 중요한 것들을 계속 추구할 수 있게 하기 때문이다.

다음은 고통받는 누군가를 만나거나 일이 내 맘대로 잘 풀리지 않을 때 시도하면 좋은 훈련으로, 회사에서 업무 중에도 할 수 있고 지금 당장 할 수도 있다.[44]

- 심호흡을 몇 번 하고 지금 느끼는 감정에 주의를 집중한다.
- 리듬 호흡법으로 가능하면 신체 반응을 진정시킨다.
- 숨을 들이마시며 스스로를 위한 따뜻함과 상냥함, 자애로움이 함께 몸속으로 들어온다고 상상해 보자.

- 다음은 날숨에 집중한다. 고통받는 누군가를 떠올린다. 그 사람은 당신의 바로 앞에 있는 사람일 수도 아닐 수도 있다.
- 숨을 내쉬며 그 사람에게 따뜻함과 상냥함, 자애로움의 숨을 불어넣는다.
- 계속해서 당신을 위해 자비의 숨을 들이마시고, 타인을 위해 내쉰다. 자신을 위해 한 번, 타인을 위해 한 번.

산소 마스크를 쓸 때 본인이 먼저 쓰고 남을 도와야 하는 법칙을 심리적인 위급 상황에도 똑같이 적용한다고 보면 된다. 결국 자신을 먼저 도와야 남을 도울 수 있다.

자기 자비는 우리가 인간이기 때문에 겪는 보편적인 경험에 깊이 다가간다. 고통에 대한 우리의 즉각적인 반응, 단기적인 미봉책으로 고통을 줄이려 하거나 혹독한 자기비판을 시작하는 것에 관한 효과적인 대안을 제시한다. 자기 자비는 인간이 어떻게 진화했는지

심도 있게 이해할 수 있도록 우리를 독려하고, 우리가 어떻게 우리의 마음을 다스려야 하는지도 보여준다. 근본적으로는 평소에 우리가 시도했던 방법과는 다른, 보다 효과적인 방법으로 자신과의 관계, 그리고 타인과의 관계를 바꿀 수 있도록 돕는다.

9장

자신을 이해하는 법

지금의 당신을
만든 경험을 돌아보라

우리는 즐거운 경험과 그렇지 않은 경험 모두를 통해 배워야 한다.

성장이란 그런 것이다.[45]

넬슨 만델라Nelson Mandela, 남아프리카공화국의 인권 운동가 이제 당신은 최고의 마음 다루기 기술을 마스터했고, 감정에 공간을 허락하기 위한 효과적인 도구들을 갖췄다. 따라서 이제는 좀더 깊고 심오한 질문에 집중할 수 있다. 바로 '나는 도대체 어떤 사람인가?'라는 질문이다.

우리는 '자기 인지'를 위해 시간을 잘 투자하지 않는다. 사실 자기 인지의 시간을 갖는 것은 바쁘게 돌아가는 현대 사회에서는 터무니없이 호화롭고 불필요한 일처럼 느껴질 때가 많다. 특히 해야 할 일이 쌓여 있거나, 당장 성과를 내고 능력을 입증해야 하는 상황에서는 더욱 그렇다. 하지만 이것이 바로 스트레스가 하는 일이다. 각기 다른 욕구 사이를 오가느라 스트레스를 다루는 다채로운 방법을 시도할 시간이 허락되지 않는다. 무언가 변화를 시도할 여유도 없다. 마치 잘 굴러가지 않는 차를 운전하는 것과도 비슷하다. 목적지까지 굴러는 가지만 승차감이 완전 꽝인 차 말이다. 편안한 승차감을 느끼며 거리를 누비기 위해서는 잠깐 카센터에 들러서 정비부터 받아야 한다.

자기 인지는 자동차 정비의 심리 버전이다

자기 인지를 위해 잠깐이라도 시간을 내는 것은 자동차 정비를 받는 것과도 같다. 이 과정을 통해 당신은 인생에 의미 있는 변화를 가져올 수 있을 것이다. 과거가 어떻게 현재에 영향을 주었는지, 그리고 또 어떻게 미래에 영향을 주게 될지 더 잘 이해하고 인식할 수 있기 때문이다. 인생을 돌아보면 지금의 당신을 만든 중요한 사건들과 당신이 느끼는 감정의 역사, 당신의 행동 패턴을 알 수 있고, 이를 통해 무엇이 당신을 반응하게 하는지 깊이 이해할 수 있다.

이는 깜짝 놀랄 만한 경험으로, 당신이 과거의 사건들에 얼마나 많은 영향을 받았는지 깨닫고 나면 숨이 턱 막힐지도 모른다. 하지만 이것은 숨 막히는 경험인 동시에 해방감을 주는 경험이기도 하다. 이제 당신은 기존의 제한적인 관점에서 한 발짝 뒤로 물러나 당신의 경험을 다른 관점, 즉 자기 자비가 담긴 시선으로 바라볼 수 있을 것이다. 자기비판의 굴레에 빠지지 않고 '다른 선택을 했어야 한다'는 후회 없이 자신의 과거를 바라볼 기회가 주어진 것이다. 좋은 일과 나쁜일, 즐거움과 괴로움, 삶의 가치에 따라 행동한 순간과 그렇지 않았던 순간들을 모두 더 오래 자세히 들여다보고 자기이해와 자기 인지를 통해 한 걸음 더 앞으로 나아갈 수 있다.

삶의 연대기를 그려 보자

과거에 일어난 사건들을 가장 잘 구조화하는 방법으로 '삶의 연대기 그리기 연습'을 꼽을 수 있다. 이 연습은 일기를 쓰는 것과 어느 정도 비슷하지만 효과는 그보다 훨씬 더 강력하다. 이 연습에는 여러 단계가 있는데 지금부터 하나씩 훑어보자. 바쁜 일상 속에서 잠깐씩 이동하면서 할 수 있을 정도

로 간편하고 별다른 준비가 필요하지 않은 연습도 물론 찬성
이다. 내가 당신에게 짐을 더 얹어주면 안 되고 스트레스를
덜어줘야 한다는 것도 잘 안다. 하지만 이 연습은 한 시간 정
도 투자하면 가장 효과적이고, 당신에게 정말 큰 도움이 될
것이다. 당장은 시간이 그만큼 없을 수도 있다. 괜찮다. 하지
만 방해받지 않고 의무에서 벗어날 수 있는 한 시간 정도를
언젠가는 꼭 마련해 보자.

삶의 연대기를 그리기 위해서는 일단 펜과 종이가 필요하
다. 종이는 A3 사이즈면 가장 좋다. 먼저 종이의 한쪽 끝에서
다른 한쪽 끝까지 가로선 또는 세로선을 긋는다. 그 선이 당
신의 삶이다. 선의 시작점이 태어난 시점, 선이 끝나는 점이
아직 오지 않은 미래라고 생각하자.

태어난 시점부터 시작해서 선 위에 당신의 삶에서 일어난
중요한 사건들을 시간 순서대로 좋은 일과 나쁜 일 모두 포
함해서 적는다. 각 사건별로 나 자신만 알아볼 수 있게 간단
하게 적으면 된다. 지금은 단순히 개요를 파악하는 것이다.
현재까지 도달하면 미래의 꿈이나 희망을 짧게 적는다. 오른
쪽 예시를 참고하자.

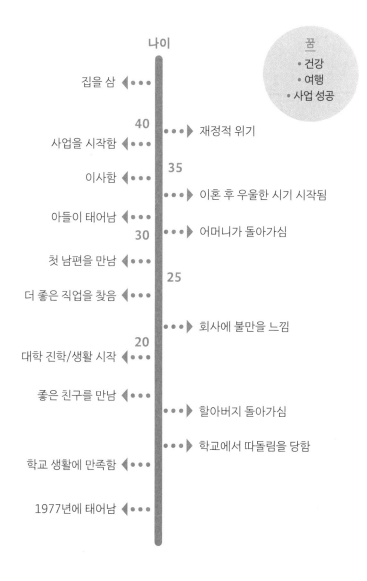

나이

꿈
• 건강
• 여행
• 사업 성공

집을 삼

40
재정적 위기

사업을 시작함

35
이사함

이혼 후 우울한 시기 시작됨

아들이 태어남

30
어머니가 돌아가심

첫 남편을 만남

25
더 좋은 직업을 찾음

회사에 불만을 느낌

20
대학 진학/생활 시작

좋은 친구를 만남

할아버지 돌아가심

학교에서 따돌림을 당함

학교 생활에 만족함

1977년에 태어남

물리적 연대기 만들기

원한다면 진짜 연대기를 만들어 볼 수도 있다.[46] 이 방법은 펜과 종이로 그리는 것보다 훨씬 뜻깊은 경험이 될 것이다. 가장 먼저 긴 줄이나 리본이 필요하다(1~2미터 정도면 된다). 인생의 주요 사건들을 표시하는 데 쓸 소품도 있어야 한다. 긍정적인 사건에는 꽃, 다양한 색의 구슬, 나뭇잎, 하리보 젤리(당신이 하리보 젤리를 좋아하기만 한다면 말이다.) 등을 사용한다. 당신이 조금이라도 긍정적으로 생각하는 물건이면 된다. 부정적인 사건들에는 돌이나 자갈, 싫어하는 파스타 종류(식감이 별로인 펜네 등), 혹은 부정적인 의미를 가진 물건을 사용하면 된다. 작은 종이를 구겨서 만든 뭉치를 활용해도 된다. 그리고 포스트잇도 조금 필요하다.

끈을 바닥에 길게 펼쳐 두고, 한쪽 끝은 어느 정도 뭉친 채로 둔다. 뭉친 부분은 아직 오지 않은 미래다. 반대쪽 끝에서 시작해 시간 순서대로 삶을 돌아보며 긍정적인 사건과 부정적인 사건을 물건으로 표시한다. 그리고 각 사건이 일어난 장소, 시점 등 몇 가지 정보들을 포스트잇에 적어 옆에 붙인다. 이 단계에서는 간단한 개요만 파악하면 되기 때문에 너무 자세한 정보는 적지 않아도 괜찮다. 현재에 도달할 때까지 계속해서 중요한 사건들을 표시한다. 끈의 끝에는 미래에 이루고자 하는 희망 사항이나 꿈을 간단히 적는다.

이제 당신이 만든 일대기를 사진으로 남기자. (연대기가 너무 길어서 조금씩 나눠 찍어야 할 수도 있다. 귀여운 양말을 신고 있는 게 아니라면 사진에 발이 찍히지 않도록 조심하자.) 사진은 언제든 찾을 수 있는 곳에 보관한다.

인생의 주요 사건 서술하기

삶의 연대기를 종이에 그리거나 실물로 만들어 봤다면, 이제 일생을 사건별로 서술해 보자. 시간 순서대로 한 번에 한 사건씩 적는 것이 좋지만, 각 사건에 몇 분을 할당할지는 어디까지나 당신에게 달려 있다.

쉽고 간단한 과제부터 시작하고 싶다면 한 사건에 30분 정도만 할당하고 하루에 한 사건만 다루는 것이 좋지만, 사실 당신이 원하는 대로 선택하면 된다. 당신이 선택한 사건에 관해서는 생각나는 대로 모두 적도록 하자. 그리고 다음 질문들을 참고해 세부 사항들을 떠올려 보자.

- 그 당시 내 삶은 대체로 어땠나?
- 사건에 관해 알 수 있는 사실적인 정보에는 어떤 것이 있었나? 예를 들어 장소, 날짜 등.
- 무슨 일이 일어났는가?
- 어떤 감정을 느꼈는가? 그중에 전에 느꼈던 감정이나 줄곧 느껴왔던 감정도 있었나?
- 이 사건과 관련해 어떤 기억이 특히 더 생생한가?
- 이 사건을 통해 무엇을 배웠나?
- 이 사건을 어떻게 생각했나? 지금도 그때와 똑같이 생각하는가?
- 당시에 나는 어떤 행동을 취했는가? 나의 행동이 도움이 됐나 아니면 해가 됐나? 단기적 결과와 장기적 결과에는 어떤 것들이 있었나?
- 당시에 나의 강점은 무엇이었나?
- 내 생각, 감정, 행동에서 발견할 수 있는 패턴이나 경향이 있는가?

각 사건에 관해 이와 같은 내용을 적은 다음, 마지막에는 미래에 이루고 싶은 희망이나 꿈을 적는다. 그러면 인생의 주요 사건들을 자세히 서술한 문서가 하나 탄생할 것이다. 이를 통해 당신은 감정에 대한 통찰력을 갖게 되거나, 관계에 대한 이해가 깊어지거나, 그 안에서 당신이 취한 행동들을 해석할 수 있을 것이다. 무엇을 발견하든 (당신은 분명 유용한 것을 발견할 수 있다.) 살면서 자신의 가치와 매우 일치하는 행동을 했다고 느끼고 의미가 있다고 생각하는 순간이 있다면 그것에 주목하자. 기쁨이나 행복의 순간이었을 수도 있고, 큰 슬픔이나 상실의 순간이었을 수도 있다. 종종 이런 순간들이 우리에게 정말 중요한 가치가 무엇인지 알려준다. 지금부터는 당신의 마음에 떠오르는 부정적이고 가혹한 서사 대신 이렇게 얻은 통찰력을 새로운 삶의 지표로 삼자.

판단과 평가에 사로잡히지 말자

과거의 사건들을 깊이 알아가다 보면 당신의 마음에는 정말 많은 케케묵은 이야기들이 떠오를지도 모른다. 당신의 마음은 절망의 프리즘을 통해 후회, 실수, 놓친 기회들로 가득한 삶의 이야기들을 당신에게 들려줄 것이다. 인간에게는 자신의 삶을 혹독하게 묘사하는 재주가 있다. 하지만 그러는 동안 과거의 경험들을 통해 다른 의미를 발견할 기회를 놓쳐버릴 수도 있다. 판단과 평가만 가득한 과거에 사로잡힌다면 앞으로의 삶에 전혀 도움이 되지 않기 때문에 그로부터 분리될 수 있도록 하고, 이 연습을 철저히 자기 자비의 관점에서 실천하자. 이때 심각하고 괴로운 감정들도 수면 위로 떠오를 텐데, 감정에 자리를 내어주고, 감정과 함께 존재할 수 있도록 하고, 친절과 이해를 바탕으로 할 일을 이어 가자. 가혹한 서사는 당신이 찾는 것이 아니다. 부정적인 생각이 저절로 떠오르더라도 그대로 하려던 일을 계속하면 된다. 그리고 다음으로 나아가자.

특정 부분에 집중한 연대기

연대기를 그리는 연습은 한 번에 금방 성공하고 끝나는 게임이 아니다. 인생의 특정 시기에 집중해서 더욱 상세한 연대기를 그려 볼 수도 있다. 예를 들어, 연대기 연습을 통해 당신의 커리어를 돌아볼 수도 있고, 아니면 과거의 관계들을 집중적으로 돌아보며 그 관계들이 지금의 삶에 미친 영향을 알아보는 시간을 가질 수도 있다.

특정한 감정을 중심으로 연대기를 그려 보는 것도 새로운 통찰을 가져다줄 수 있다. 당신이 지금 불안감 때문에 힘들다면 불안감에 대한 당신의 과거 경험을 돌아보고 정리하는 것도 도움이 될 수 있다. 다음의 질문들을 스스로에게 던져보자.

- 처음 불안감을 느낀 것은 언제인가?
- 부모님이나 인생에서 중요한 인물들로부터 불안감에 대해 학습한 내용이 있는가?
- 불안감과 관련된 어떤 특별한 경험을 했는가?
- 그동안 당신과 불안감이라는 감정의 관계는 어떻게 발전했나?
- 불안감을 느낄 때 어떤 행동들이 나타나는가?

불안감 외에도 당신이 분석하고자 하는 모든 감정이나 삶의 영역을 이와 같은 방식으로 돌아볼 수 있다. 건강, 커리어, 돈, 슬픔, 한계, 행복, 섹스, 음식, 술, 직업, 이별 등 그 밖에 무엇이든지 연대기를 그려 분석해 보자.

잠시 멈춰 서서, 지금의 당신을 만든 과거의 경험을 들여다보는 시간을 갖도록 하자. 이것은 충분히 가치 있는 일이다. 이번 장에서 새롭게 발견한 기술들을 활용해 과거를 돌아보고 스스로를 더 깊이 이해한다면 미래를 헤쳐나가는 데 필요한 멋진 무기 하나를 얻은 셈이다.

당신은 당신의 생각이나 감정보다
훨씬 나은 사람이다

자, 지금까지 이 책을 읽은 소감이 어떤가? 심리적으로 좀더 유연해진 것이 느껴지는가. 어쩌면 심리적으로 좀더 풍부해졌다고 느끼는가. 당신의 내면에서 소용돌이치는 생각과 감정들을 전과는 다르게 받아들일 수 있는가. 마치 새로운 길이 눈앞에 펼쳐진 것 같은 느낌인가. 생각과 감정의 감옥으로부터 벗어나는 길 위에 서 있는가. 꼭 그럴 수 있기를 바란다.

그럼 이제 또 무엇을 해야 할까? 가장 좋은 건 당신의 마음을 움직인 문장이 있는 페이지로 돌아가는 것이다. 처음 이 책 속의 기술들을 배웠을 때 나는 먼저 생각과 분리하기와 가치 찾기에 특별히 큰 비중을 두고 연습했다. 당신은 먼저 가치와 관련된 연습으로 시작해 감정 받아들이기 연습으로 자연스럽게 넘어갈 수도 있다. 아니면 생각과 분리하기부터 시작해 마음챙김으로 부드럽게 전환할 수도 있다. 정답은 없다. 훌쩍 도약하거나 종종걸음으로 여러 페이지 사이를 넘나들어도 좋다.

진정으로 삶에 변화를 가져오고 싶다면 지금까지 읽은 내용 중 적어도 몇 가지라도 시도해 보는 것이 중요하다. 누군가는 그대로 할 것이고, 누군가는 하지 않을 수도 있다. 또 어떤 이들은 한참 시간이 흐른 후에 다시 돌아와 시도할 수도 있다. 모두 좋다. 이 기술들은 평생 다시 돌아와서 참고해도 되는 것들이다. 더 자주 돌아올수록 더 자연스럽게 와닿을 것이다.

이 책을 통해서 여러 기술들을 전수하고 당신에게 희망을 주고 싶었다. 당신이 어디서 어떤 일을 경험하든, 스스로 중요하다고 생각하는 가치에 따라 자신뿐 아니라 타인과 세상을 대할 수 있고, 이를 통해 의미 있고 보람 있는 삶을 살아간다는 희망 말이다.

여기서 배운 기술들이 당신에게 다음의 사실을 보여줄 수 있기를 바란다. 특정한 순간에 어떤 생각이나 감정이 당신을 가득 메우더라도 당신은 자신의 가치에 따라 행동할 수 있다는 사실 말이다. 당신은 당신의 행동을 선택할 수 있다. 당신은 자신의 가치도 직접 선택할 수 있다. 당신은 당신의 생각이나 감정보다 훨씬 나은 사람이다. 이것이 바로 이 책을 통해 당신이 습득한 새로운 삶의 방식이다. 이 비법을 당신 주변의 소중한 이들에게도 널리 알리도록 하자.

감사의 말

오랫동안 감사의 말을 머릿속으로 연습해 왔습니다. 드디어 이렇게 실제로 말하다니! 먼저, 감독상을 주신 아카데미협회에 감사합니다. 잠깐! 다른 동네에서 해야 할 말이 잘못 튀어나왔어요. 자, 다시 시작할게요.

가장 먼저, 나의 멋진 에이전트인 클라우디아 영에게 감사합니다. 당신은 나에게 심리치료사이자 인생 상담 코치 같은 사람입니다. 나의 첫 책을 차분하고 꼼꼼하게 지켜보고 완성해 준 그린 앤 히튼Greene & Heaton의 모든 분들에게도 진심으로 감사드립니다.

편집자인 미셸 케인에게도 감사합니다. 당신을 처음 봤을 때 당신이 나를 위한 편집자라는 것을 단번에 알았답니다. 당신 역시 내가 당신의 작가란 것을 알았던 것 같아요. 첫 만남에서 바로 "출입증부터 만드셔야죠?"라고 물어본 것을 보면 말이죠. 당신의 재치와 격려에 정말 감동했어요. 그리고 이 책을 지지해준 포스 에스테이트_{Forth Estate} 출판사의 모든 분들께 감사합니다. 그리고 나를 미셸 케인에게 소개해준 애니 리다우트에게도 특별한 감사를 전합니다.

언제나 그랬듯 나의 소중한 가족은 내가 책을 쓰는 동안에도 엄청난 지지를 보내주었습니다. 남편인 닉, 당신의 사랑과 격려 그리고 세상에서 가장 맛있는 요크셔푸딩 덕분에 늘 힘을 낼 수 있었어요. 나의 특별한 딸 소피아, 매일 나의 하루를 환하게 밝혀줘서 고맙다. 너에게 가르침을 주려고 내가 존재한다고 생각했는데, 지금 생각해보니 그 반대였더구나.

언제나 헌신적이고 사랑이 넘치는 S, 평생 나에게 위로가 되어줘서 고맙습니다. 누구를 말하는지 당신은 알겠지요? 사라 호사인과 데이비드 버그먼, 언제나 잘게 썬 야채를 곁들인 따뜻한 저녁을 만들어주셔서 감사합니다.

친구인 질 디커슨, 친구이자 사촌이기도 한 디나 호사인, 그리고 클라우디아 벨리니, 너희들이 내 소울 메이트인 거

알지? 내 옆에 너희들이 있다니 나는 정말 행운아야.

헨리 핀치, 샬롯 빅랜드, 그리고 제임스 콜맨! 25년도 넘게 기댈 수 있는 듬직한 어깨가 되어줘서 고마워. 너희들은 고대 로마의 삼두 정치를 잇는, 역사 속에서 가장 위대한 3인조라 할 수 있지.

에스터 퀠버트, 당신은 해머스미스 근처의 강가에서 수많은 날을 나와 함께 산책해 주었지요. 거의 강아지를 산책시켜 주듯 말이죠. 당신은 내가 아는 한 최고로 경청을 잘하는 친구입니다.

나에게 트라우마와 관련한 모든 것을 가르쳐 준, 유머와 지혜를 겸비한 케리 영과 밀레이 반에게도 깊은 감사의 마음을 전합니다.

수용전념치료 커뮤니티에도 감사드립니다. 특히 조 올리버, 당신은 늘 당신의 시간과 지식을 나누는 것에 관대하셨죠. 이 책에 실릴 글을 검토해준 것뿐 아니라 내가 보낸 수많은 메일에도 친절하게 답해주신 것을 포함해서 말이에요.

수년간 만나온 환자들에게도 감사를 전하고 싶어요. 삶의 여정을 공유해주신 것에 감사드리고, 내가 당신들에게 조금이나마 도움이 되었기를 바랍니다.

라루슈카 이반-자데, 당신의 꾸준한 응원에 감사드리고, 진득하게 교정 작업을 도와준 것 역시 감사합니다. 당신과 같은 역량의 작가에게 지지를 받는다는 건 대단히 든든한 신임투표를 얻은 것과 같아요. 아델 스티븐스, 당신은 처음부터 내가 멈추지 않고 계속 앞으로 나아갈 수 있게 해주었죠. 내가 스스로 앞길을 가로막지 않도록 나를 어둠에서 꺼내주셔서 감사합니다. 니키 예이츠, 몇 년 전 당신은 나에게 책을 써 보라고 권유했죠. 그래서 썼습니다. 어떤가요? 내가 글쓰기를 시작하도록 격려해준 것뿐만 아니라 당신의 지치지 않는 긍정 에너지, 열정, 그리고 조언에도 감사드립니다.

　마지막으로, 나의 훌륭한 부모님께 어떻게 감사를 드려야 할지 모르겠네요. 내가 하는 일 중 잘한 것이 있다면 모두 당신들 덕분입니다. 아버지, 저의 정신적 지주가 되어 주셔서 감사합니다. 너무나 그립고 사랑하는 어머니, 제게 무한한 가능성을 보여주셔서 감사합니다. 항상 제 곁에 함께 계신 것을 알아요.

샘 아크바

참고 문헌

1장

1) 'I used to think that the human brain was the most fascinating part of the body. Then I realized, look what's telling me that.' Emo Philips, HBO Comedy Special 1987. https://www.youtube.com/watch?v=izH3zpAuDUs.

2장

2) **This phenomenon was investigated by Daniel Wegner.** Wegner, Daniel M. & Schneider, David J. (2003). 'The white bear story', *Psychological Inquiry*, 14, pp. 326-329.

3) **Having Thoughts** Hayes, S. C., & Smith, S. (2005). *Get Out of Your Mind and Into Your Life: The new Acceptance and Commitment Therapy*. Oakland, CA: New Harbinger.

4) **Thank Your Mind** Harris, R. (2008). *The Happiness Trap: How to stop struggling and start living*. Boston, MA: Trumpeter.

5) **Singing And Funny Voices** Hayes, S. C., & Smith, S. (2005). *Get Out of Your Mind and Into Your Life: The new Acceptance and Commitment Therapy*. Oakland, CA: New Harbinger.

6) **Over a hundred years ago, a psychologist called Edward Titchener.** Titchener, E.

B. (1916). *A Text-Book of Psychology*. New York: Macmillan. This exercise is found in Hayes, S. C., Strosahl, K., & Wilson, K. G. (1999). *Acceptance and Commitment Therapy: An experiential approach to behavior change*. New York, NY: Guilford Press.

7) **Carry Your Thoughts With You** Hayes, S. C., & Smith, S. (2005). *Get Out of Your Mind and Into Your Life: The new Acceptance and Commitment Therapy*. Oakland, CA: New Harbinger.

8) **Television Screens** Harris, R. (2008). *The Happiness Trap: How to stop struggling and start living*. Boston, MA: Trumpeter.

3장

9) '**Our feelings are our most genuine paths to knowledge.**' Lorde, A. (2004). *Conversations with Audre Lorde*. Univ. Press of Mississippi.

10) **Emotions Are Actually Beach Balls** Jepsen, M., in Stoddard, J. A., & Afari, N. (2014). *The Big Book of ACT Metaphors: A Practitioner's Guide to Experiential Exercises and Metaphors in Acceptance & Commitment Therapy*. Oakland, CA: New Harbinger.

11) **Be The Sky** Harris, R. (2009). *ACT Made Simple: An easy-to-read primer on Acceptance and Commitment Therapy*. Oakland, CA: New Harbinger.

12) **Urge surfing is a term coined in the 1980s by two American psychologists**. Marlatt, G.A & Gordon, J.R., eds. (1985). *Relapse Prevention: Maintenance strategies in the treatment of addictive behaviors*. New York: Guilford Press.

4장

13) **Leaves On A Stream** Hayes, S. C., & Smith, S. (2005). *Get Out of Your Mind and Into Your Life: The new Acceptance and Commitment Therapy*. Oakland, CA: New Harbinger.

14) **Your Thinking Self and Your Observing Self** S. C., Strosahl, K., & Wilson, K. G. (1999). *Acceptance and Commitment Therapy: An experiential approach to behavior*

change. New York:Guilford Press.

15) **Be The Board (Steve Hayes, 1999)** Hayes,S.C.,Strosahl,K.,&Wilson,K.G.(1999). *Acceptance and Commitment Therapy: An experiential approach to behavior change.* New York:Guilford Press.

16) **Befriending Your Observing Self (The Continuous You by Harris, 2009)** Harris, R. (2009). *ACT Made Simple: An easy-to-read primer on Acceptance and Commitment Therapy.* Oakland,CA:New Harbinger.

17) **The Continuous You** Sinclair,M.,&Beadman,M.(2016). *The Little ACT Workbook.* Hachette,UK.

5장

18) **A Harvard study (Killingsworth & Gilbert, 2010)** M.A. & Gilbert, D.T, (2010). *A wandering mind is an unhappy mind, Science,* 12;330(6006): 932. doi: 10.1126/ science.1192439.PMID:21071660.

19) '**The awareness that arises through paying attention, on purpose, in the present moment, non-judgmentally**.' Kabat-Zinn, J. (2003). Mindfulness- based interventions in context: Past, present, and future. *Clinical Psychology: Science and Practice,*10(2),pp.144-156.https://doi.org/10.1093/clipsy.bpg016.

20) **Dropping An Anchor** Harris,R.(2009). *ACT Made Simple: An easy-to-read primer on Acceptance and Commitment Therapy.* Oakland,CA:New Harbinger.

21) **Mindfulness Of Music** Hayes,S.(2019). *A Liberated Mind: How to pivot toward what matters.* New York:Avery.

6장

22) **Studies looking at values. (Cohen & Sherman, 2014; Jordt, 2017)** Jordt, H., Eddy, S. L., Brazil, R., Lau, I., Mann, C., Brownell, S. E., & Freeman, S. (2017). 'Values affirmation intervention reduces achievement gap between underrepresented minority and white students in introductory biology classes'. *CBE - Life Sciences Education,* 16(3), ar41.

23) **In a study by Smith et al. (2018) participants were first asked to perform a cold presser task**. Smith, B. M., Villatte, J. L., Ong, C. W., Butcher, G. M., Twohig, M. P., Levin, M. E., & Hayes, S. C. (2019). The influence of a personal values intervention on cold pressor-induced distress tolerance. *Behavior Modification*, 43(5), pp. 688–710.

24) **Areas Of Life (Inspired by Kelly Wilson's Valued Living Questionnaire)** Wilson, K., & Groom, J. (2006). *Valued Living Questionnaire (VLQ)*.

25) **Now We Are Eighty. Or Thirty. Or Fifty** Harris, R. (2008). *The Happiness Trap: How to stop struggling and start living*. Boston, MA: Trumpeter.

26) **Attending Your Own Funeral** Hayes, S. C., & Smith, S. (2005). *Get Out of Your Mind and Into Your Life: The new Acceptance and Commitment Therapy*. Oakland, CA: New Harbinger.

27) **Secret Values** Hayes, S. (2019). *A Liberated Mind: How to pivot toward what matters*. New York: Avery.

28) **Sweet Moments (inspired by Kelly Wilson's Sweet Spot exercise, Wilson & Dufrene, 2009)** Wilson, K.G., & DuFrene, T. (2009). *Mindfulness for Two: An Acceptance and Commitment Therapy approach to mindfulness in psychotherapy*. Oakland, CA: New Harbinger.

7장

29) **'Change your life today. Don't gamble on the future, act now, without delay.'** Schwarzer, A. & De Beauvoir, S. (1984). *After the Second Sex: Conversations with Simone De Beauvoir*. Pantheon.

30) **Research shows that most people give up their New Year's resolutions by 19th January.** https://www.inc.com/jeff-haden/a-study-of-800-million-activities-predicts- most-new-years-resolutions-will-be-abandoned-on-january-19-how-you-cancreate-new-habits-that-actually-stick.html, 03/01/2020.

31) **Why You Keep Making The Same Mistakes** Skinner, B. F. (1953). *Science and Human Behavior*. New York: Macmillan.

32) **Get SMART** Doran, G.T. (1981) 'There's a S.M.A.R.T. way to write management's goals and objectives.' *Management Review*, 70(11), pp. 35-36.

33) **Hook Your Habits** Fogg, B. J. (2020). *Tiny Habits: The Small Changes that Change Everything*. Boston: Houghton Mifflin Harcourt.

8장

34) **Self-compassion is made up of three distinct but interacting elements.** Neff, K. D. (2003a). 'Self- compassion: An alternative conceptualization of a healthy attitude toward oneself'. *Self and Identity*, 2(2), pp. 85-101.

35) **The first step is to understand that your brain is basically running three types of emotional regulation systems.** Depue & Morrone-Strupinsky. (2005). 'A neurobehavioral model of affiliative bonding: Implications for conceptualizing a human trait of affiliation'. *The Behavioral and Brain Sciences. 28, pp. 313-350. Gilbert, P. (2009). The Compassionate Mind: A new approach to life challenges*. London: Constable and Robinson.

36) **No one likes to be criticised.** Elberse, Anita 'Ferguson's Formula' *Harvard Business Review* https://hbr. org/2013/10/fergusons-formula October 2013.

37) **Self-compassionate people aim just as high as those who are not self-compassionate.** Neff, K. D. (2003a). 'Self-Compassion: An alternative conceptualization of a healthy attitude toward oneself'. *Self and Identity*, 2(2), pp. 85-101.

38) **Self-compassion is also linked to adaptive ways of approaching academic work.** Neff, K., Hsieh, Y., & Dejitterat, K. (2005). 'Self-compassion, achievement goals, and coping with academic failure'. *Self and Identity*, 4, pp. 263-287.

39) **Unfortunately, it has some serious downsides** Neff, K. D., & Vonk, R. (2009). *Self-compassion versus global self-esteem: Two different ways of relating to oneself, Journal of Personality*, 77, pp. 23-50.

40) **Soothing Rhythm Breathing** Gilbert, P. (2009). *The Compassionate Mind: A*

new approach to life challenges. London: Constable and Robinson.

41) **Build A Compassionate Image (adapted from Gilbert, 2009)** Gilbert, P. (2009). *The Compassionate Mind: A new approach to life challenges.* London: Constable and Robinson.

42) **Compassionate Touch** Neff, K. & Germer, C. (2018). *The Mindful Self-Compassion Workbook: A proven way to accept yourself, build inner strength, and thrive.* New York, NY: Guilford Press.

43) **Have A Break. A Self-Compassion Break (adapted from Neff & Germer, 2018)** Neff, K. & Germer, C. (2018). *The Mindful Self-Compassion Workbook: A proven way to accept yourself, build inner strength, and thrive.* New York, NY: Guilford Press.

44) **Beating Burnout (adapted from Neff & Germer, 2018)** Neff, K. & Germer, C. (2018). *The Mindful Self- Compassion Workbook: A proven way to accept yourself, build inner strength, and thrive.* New York, NY: Guilford Press.

9장

45) **'It is in the character of growth that we should learn from both pleasant and unpleasant experiences.'** Nelson Mandela at Foreign Correspondents' Association's Annual Dinner, Johannesburg, South Africa 1997.

46) **Physical Lifeline** Schauer, M., Neuner, F., Elbert T. (2011). *Narrative Exposure Therapy: A short-term treatment for traumatic stress disorders* (2nd edition). Cambridge, MA. Hogrefe Publishing.

내가 나를 어쩌지 못한다면

초판 1쇄 인쇄 2023년(단기 4356년) 3월 3일
초판 1쇄 발행 2023년(단기 4356년) 3월 13일

지은이 | 샘 아크바
옮긴이 | 박지혜
펴낸이 | 심남숙
펴낸곳 | (주)한문화멀티미디어
등록 | 1990. 11. 28 제21−209호
주소 | 서울시 광진구 능동로 43길 3−5 동인빌딩 3층 (04915)
전화 | 영업부 2016−3500 · 편집부 2016−3507
홈페이지 | http://www.hanmunhwa.com

운영이사 | 이미향
편집 | 강정화 최연실
기획·홍보 | 진정근
디자인 · 제작 | 이정희
경영 | 강윤정 조동희
회계 | 김옥희
영업 | 이광우

만든 사람들
책임 편집 | 한지윤 디자인 | room 501
인쇄 | 천일문화사

ISBN 978-89-5699-447-5 03320